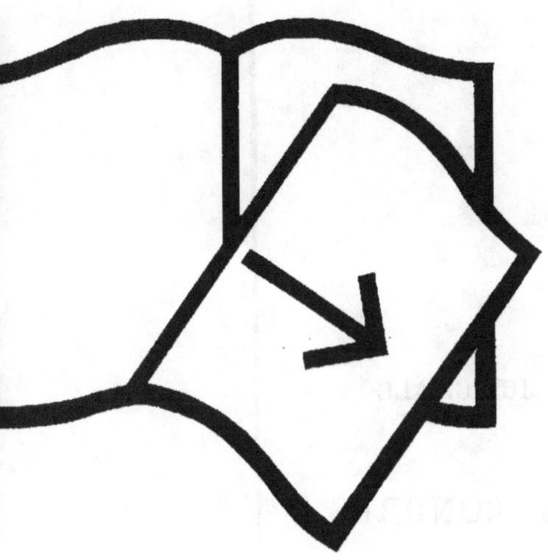

Documents manquants (pages, cahiers...)

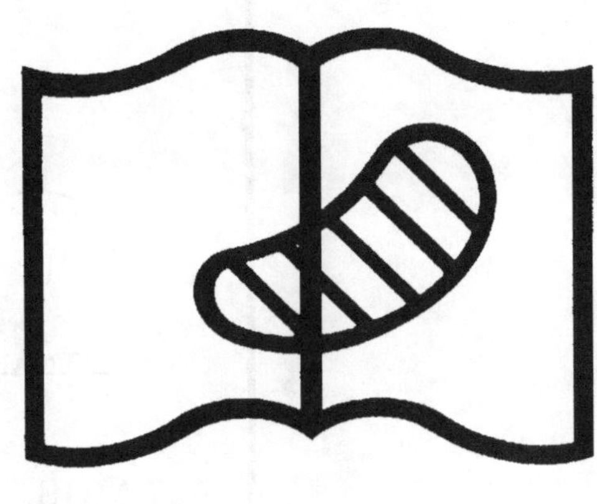

Original illisible

L'ORGANISATION MUNICIPALE

DE

PARIS ET DE LONDRES

OUVRAGES DU MÊME AUTEUR

L'Inventeur. Un vol. in-18. 1866. (*Épuisé.*)

Nos préjugés politiques. (*Bibliothèque démocratique.*) 1872. (*Épuisé.*)

Les Lieux communs. Un vol. in-12. 1873.

La Préfecture de police. — Lettres d'un VIEUX PETIT EMPLOYÉ. Brochure in-8. 1879.

La Police des mœurs. — Révélations d'un EX-AGENT DES MŒURS. Lettres d'un MÉDECIN. Brochure in-8. 1879. (*Épuisé.*)

Le Travail et les Traités de commerce. — Conférence avec graphiques. Brochure in-8. 1879. (*Épuisé.*)

La Suppression des octrois et le Conseil municipal de Paris. Proposition Yves Guyot. Brochure in-18. 1880. (*Épuisé.*)

Études sur les doctrines sociales du christianisme. Un vol. in-18. Nouvelle édition. 1881.

La Science économique. Un vol. in-12, avec 57 graphiques, cartonné (*Bibliothèque des sciences contemporaines.*) 1881.

Dialogue entre John Bull et George Dandin, sur le Traité franco-anglais. Brochure in-18. 1881. (*Épuisé.*)

La famille Pichot. Un vol. in-18. 4e édit. 1882.

La prostitution. Études de physiologie sociale. In-18, avec 25 graphiques. 6e mille. 1882.

La morale. Un vol. in-12. (*Bibliothèque matérialiste.*) 1883.

En collaboration avec Sigismond Lacroix. **Histoire des prolétaires.** 20 séries in-4 1873. (*Épuisé.*)

EN PRÉPARATION

Histoire d'un fou.

La police. Études de physiologie sociale.

Tableau du centenaire. 1789-1889.

PARIS. — IMP. C. MARPON ET E. FLAMMARION, RUE RACINE, 26.

YVES GUYOT
MEMBRE DU CONSEIL MUNICIPAL DE PARIS

L'ORGANISATION MUNICIPALE DE PARIS ET DE LONDRES

PRÉSENT & AVENIR

SUIVI DES DISCOURS PRONONCÉS AU BANQUET DU 19 MARS

AVEC SIX GRAPHIQUES

PARIS
C. MARPON ET E. FLAMMARION
ÉDITEURS
26, RUE RACINE, PRÈS L'ODÉON
1883

L'ORGANISATION MUNICIPALE

DE PARIS ET DE LONDRES

INTRODUCTION

D'après le recensement de 1881, il y a en France 36,097 communes. En ce moment, la Chambre des députés discute une loi devant s'appliquer à 36,096 communes. Comme cette loi est un peu plus libérale — oh ! pas beaucoup — que ses aînées, il est tout naturel que nos législateurs excluent de son bénéfice la trente-six quatre-vingt-dix-sept millième commune de France, qui n'est que Paris.

— Alors, vous écrivez une brochure pour leur rappeler que Paris existe, s'empresse de me dire un de ces interrupteurs qui ont la rage de vouloir toujours interpréter la pensée de leur interlocuteur.

Pas du tout : car nos législateurs ruraux dans la proportion de 66 0/0 savent fort bien que Paris existe. Enfants, ils rêvaient d'y venir; jeunes gens, d'y habiter le quartier latin ; et maintenant, homme mûr, le député de Fouilly-les-Oies s'y prélasse, y étale son importance, sa grandeur, ses vertus, — pour ne pas parler de ses vices, — et ne pardonne pas à Paris de ne pas le saluer grand homme à chaque mot qu'il prononce, et de ne pas le reconnaître quand il passe dans la rue. A Fouilly-les-Oies, tout le monde le salue !

Quelquefois aussi, il a entendu souligner certains de ses effets oratoires, empruntés au répertoire de Joseph Prudhomme, par l'éclat de rire de Gavroche. Il a rougi, n'a rien dit, mais n'a pas oublié.

C'est parce qu'il n'a pas oublié qu'il affecte d'oublier Paris.

Si on lui rappelle que cette ville, englobant la quinzième partie de la population de la France, est assez considérable pour qu'il pense à ses réclamations, il s'écrie.

— Justement ! Paris est trop grand. Il veut démembrer la France et lui imposer sa dictature.

— A la fois ?

— Certainement.

Soit : je croyais les deux choses légèrement contradictoires, mais puisque vous insistez... Certainement, il insiste: et certains de ses électeurs trouvent qu'il a raison ; et il y a même des Béotiens de Paris qui sont de son avis.

Buckle a dit qu'une vérité acquise ne disparaissait jamais. C'est vrai : elle est presque toujours le dépôt d'une minorité, mais la majorité l'ignore souvent ou vient à tout instant la recouvrir de ses préjugés. Coupés ici, ils repoussent là. On ne peut en dégager la récolte du progrès que par un vigoureux et incessant sarclage.

Ce petit travail a pour but d'y aider. Il a été d'abord publié dans la *Contemporary review* (1) qui m'avait demandé d'exposer aux Anglais la situation municipale de Paris, au moment où la question de la réorganisation de Londres se pose devant le Parlement. M'adressant à des étrangers, j'essayai de le faire aussi clair que possible. Une fois terminé, je m'aperçus qu'il y avait peut-être un certain nombre de Français et même de Parisiens qui n'étaient pas beaucoup plus au courant que nos voisins d'outre-Manche du fonctionnement de l'administration de la capitale. Ils sont excusables, car le mécanisme est compliqué...

Beaucoup de gens qui jugent sur des mots se font de singulières chimères relativement aux aspirations et au programme des « autonomistes ».

(1) Numéro du 1er mars.

Afin qu'ils puissent les juger en connaissance de cause, je les mets à même de les connaître.

Il y a certaines choses qu'il était inutile de dire aux étrangers, mais que nous devons nous dire entre nous ; qu'il est bon même que nous nous disions à la veille des élections municipales : j'ai donc ajouté un petit supplément.

De la part de certains centralisateurs, qui comptent sur l'ignorance de leurs auditeurs pour faire étalage des affirmations les plus impudentes, ayant entendu émettre les erreurs les plus fantastiques relatives à la Cité de Londres et aux projets du Parlement, j'ai cru utile d'exposer la question en quelques pages.

Ces lignes étaient déjà imprimées quand, le 11 mars, j'ai été victime d'une agression qui se serait probablement terminée d'une manière fatale pour moi, sans l'intervention énergique des ouvriers maçons qui m'avaient convié à leur réunion. Cet accident, ainsi que les événements qui se sont déroulés depuis, loin de modifier mon opinion, n'a fait que la confirmer.

Y.. G.

18 mars 1883.

PREMIÈRE PARTIE

ORGANISATION MUNICIPALE DE PARIS

I

SON PRÉSENT

Dans la discussion relative aux lois contre les prétendants, le 10 février, M. Challemel-Lacour, l'ancien ambassadeur de France à Londres, énumérant les diverses lois d'exception qui existent dans la plupart des pays de l'Europe, disait: « Vous trouveriez encore dans notre riche arsenal de lois certaines lois d'exception que, — personne parmi les membres de ce côté (l'orateur désigne la droite) certainement n'est disposé à abroger, quand ce ne serait que les lois qui règlent le régime municipal de la ville de Paris. (Mouvements divers. Rires à droite.) Est-ce que, par hasard, vous désirez, messieurs, que la ville de Paris ne soit pas soumise à un régime d'exception ? »

Personne n'a eu garde de répondre à cette question par une dénégation. En effet, en France, dans ce pays si centralisé, où toute la machine gouvernementale est organisée pour comprimer les initiatives locales, les individualités trop vigoureuses et trop expansives, on a trouvé encore moyen de placer, au point de vue des droits, Paris au-dessous de la commune de Blanche-Fontaine (Doubs) qui compte 24 habitants. Celle-ci peut élire son maire: Paris n'a pas de maire élu. Celle-ci désigne son garde champêtre: Paris subit le préfet de police. Le maire de Blanche-Fontaine exécute les décisions du conseil municipal. A Paris, comme il n'y a pas de maire, les délibérations du conseil municipal ne sont exécutées que si le préfet de la Seine ou le préfet de police le veulent bien.

Cela étonne au premier abord. Quand on étudie cette organisation compliquée, où toutes les attributions sont confondues, l'étonnement se transforme en stupéfaction.

D'abord, un mot de statistique est nécessaire pour indiquer l'importance des questions que soulève l'organisation municipale de Paris et du département de la Seine.

Paris occupe une superficie de 7,802 hectares, dont 714 sont couverts par le lit du fleuve, au centre du département de la Seine qui a une superficie de 47,550 hectares. La population du département de la Seine était en 1876 de 2,410,000 habitants; elle est, d'après le recensement de 1881, de 2,799,000. Jusqu'à la loi du 16 juin 1859, la ville de Paris proprement dite était bornée par le boulevard extérieur; l'espace compris entre les boulevards et l'enceinte continue recevait le nom de banlieue et était partagé en communes distinctes. Depuis cette loi, tout le territoire enfermé dans le mur d'enceinte ne forme plus qu'une commune, qui en 1861, avait

1,696,000; en 1866, 1,799,000; en 1872, 1,794,000; en 1876, 1,988,000; en 1881, 2,269,000 habitants. Sa population a augmenté ainsi en cinq ans de 280,000 habitants.

Les communes, autres que Paris, comprises dans le département de la Seine jouissent des mêmes droits que les autres communes de France. Elles ont, avec le préfet de la Seine les mêmes relations que les autres communes ont avec les préfets de leurs départements respectifs. Il n'en est pas de même de Paris.

Tandis que, dans les autres communes, le maire est élu par le conseil municipal, Paris n'a pas de maire : en revanche, les deux préfets, le préfet de la Seine et le préfet de police, tous les deux agents du pouvoir central, font chacun fonctions de maire. Paris n'a pas de maire; mais il subit deux maires qui ne le représentent en aucune manière et qui lui sont imposés par le gouvernement. Quelquefois cette double situation produit de singuliers effets. La commune de Gennevilliers voulait plaider contre la ville de Paris. Elle était obligée de demander au préfet de la Seine l'autorisation de plaider contre lui, maire de Paris!

D'après la loi de 1837, la plupart des délibérations des conseils municipaux doivent, pour devenir exécutoires, être approuvées par le préfet: mais le préfet est en même temps maire : or, le maire dans les autres communes n'a nullement ce droit d'approbation ou de véto.

Voici depuis la Révolution l'historique de cette singulière législation.

Le 15 juillet 1789, Bailly fut proclamé maire de Paris et une municipalité provisoire fut installée. La loi du 21 mai 1790 dispose que la municipalité de Paris, basée sur l'élection, sera composée d'un maire, de seize administrateurs, de trente-deux membres du conseil, de quatre-vingt-seize notables, d'un procureur de la commune et de deux substituts. « Pendant les deux années que cette organisation fut en vigueur, a dit M. de Laborde, ancien préfet de la Seine, la ville de Paris fut administrée avec ordre, justice, économie. » Le 10 août 1792, cette municipalité fut remplacée par la Commune insurrectionnelle; le 14 fructidor an II, la Convention, gouvernement centralisateur, prit elle-même l'administration de la ville de Paris. La loi du 11 octobre 1795 brisa l'unité de Paris en le divisant en 12 administrations distinctes, de manière que le pouvoir central, le Directoire, en restât absolument le maître.

Bonaparte n'eut garde de rendre à Paris ses franchises municipales. Au contraire. Par la loi du 28 pluviôse an VIII, il institua les deux préfets, celui de la Seine et celui de la police, et il fit administrer Paris par un conseil général dont les membres étaient nommés par lui. Ce conseil n'avait d'autre droit que celui de voter sur les affaires qui lui étaient soumises. Il était dépouillé de toute initiative. Ce système dura jusqu'à la loi de 1834, qui rendit l'élection au conseil municipal de Paris, mais sans en modifier les attributions. La loi de 1837 sur l'organisation communale de la France ne comprenait pas Paris: cependant le rapporteur annonçait qu'une loi interviendrait; on attend toujours cette loi. La Révolution de 1848 institua une commission à l'Hôtel de ville. La loi du 5 mai 1855 maintint cette commission, nommée par le chef de l'État.

Cette commission de 60 membres administrait sans contrôle et sans responsabilité. Elle ne savait que dire : *Amen !* à tous les désirs de l'empereur et du préfet de la Seine. En 1870, elle laissa la ville chargée de dettes et grevée de traités onéreux. La loi du 14 avril 1871, faite par l'Assemblée réactionnaire de Versailles, au moment de la Commune, rendit cependant à Paris l'élection de son conseil municipal. C'est cette loi, combinée avec les lois générales de pluviôse an VIII, de 1837, de 1855 et de 1867 et, au point de vue de la police, avec l'arrêté de messidor an VIII, qui régit actuellement l'organisation municipale de Paris.

La ville de Paris est partagée en 20 arrondissements : chacun de ces arrondissements en quatre quartiers. Chaque quartier, quel que soit le chiffre de sa population, nomme un conseiller, ce qui fait un total de 80.

Il faut ajouter dans chaque arrondissement un maire et trois adjoints, nommés par le chef du pouvoir exécutif sur la présentation du préfet de la Seine. En réalité, ce ne sont que des officiers de l'état civil qui ont pour mission de tenir les registres des naissances et des décès, de procéder aux mariages, de contribuer à la confection des listes du jury et des électeurs, de présider les sections électorales, les bureaux de bienfaisance, la délégation cantonale des écoles, etc.; ils n'ont pas de commune à gérer, ils ne font pas partie du conseil municipal.

Les conseillers municipaux sont réunis sur la convocation du préfet. Il y a par an, quatre sessions ordinaires et quatre sessions extraordinaires. Le préfet peut supprimer celles-ci et régler leur ordre du jour. Il a usé de ce dernier droit dans quelques circonstances jusque vers 1878. A partir de cette époque toute distinction entre les sessions ordinaires et les sessions extraordinaires a disparu.

La situation des conseillers municipaux participe à la bizarrerie des attributions des préfets. Dans tous les départements de la France, sauf celui de la Seine, il y a un conseil général qui jouit, depuis 1871, d'attributions assez étendues et nomme une commission de permanence qui fonctionne toute l'année. Le département de la Seine n'a pas droit à la commission de permanence. Mais il y a un conseil général, composé des 8 conseillers généraux, élus par les cantons situés en dehors de Paris, et qui ne sont que conseillers généraux; puis des 80 conseillers municipaux de Paris qui se transforment à l'époque des sessions du conseil général, et deviennent conseillers généraux. Paris entre pour plus de 95 p. 100 dans les dépenses du département.

Ceci dit, nous ne nous occuperons plus du département de la Seine, et nous traiterons exclusivement les questions concernant Paris.

Le budget de la ville de Paris pour 1883 est arrêté de la manière suivante: recettes ordinaires, 256,479,000 fr.; recettes extraordinaires, 6,885,000 fr. : ensemble 263,474,000 fr. Les dépenses ordinaires sont arrêtées à 253,663,000 fr. Il faut ajouter à ces chiffres la partie du budget supplémentaire dont les fonds spéciaux, provenant de divers emprunts, n'ont pas encore été dépensés. Elle se montait pour 1882, en dépenses, à 51,413,000 fr.

Nous allons voir à l'aide de quelles ressources la ville de Paris pourvoit à ces dépenses. D'abord à l'aide de centimes additionnels ajoutés au principal de chacune des quatre contributions directes, équivalant à l'*income-tax*. — Le centime additionnel sur les quatre contributions est, pour 1883, de 525,000 fr., ainsi divisés : le centime de la contribution foncière est de 140,000 fr.; le centime de la contribution personnelle et mobilière de 94,630 fr.; le centime des portes et fenêtres de 55,672 fr.; le centime des patentes est de 234,328 fr.

De toutes les contributions directes, ce sont les patentes qui sont les plus surchargées. La propriété foncière ne paye en principal que 14 millions, tandis que les patentes payent 23 millions et demi. Ce sont donc le commerce et l'industrie qui supportent la plus lourde charge des contributions directes. Les centimes et les taxes diverses donnent 24 millions.

Les recettes des halles et marchés constatées en 1881 ont été de 7,580,987 fr. Elles sont prévues au budget de 1883 pour 7,490,000 fr., et certainement seront dépassées. Les abattoirs ont rapporté, en 1881, 2,346,000 fr.; et leurs recettes sont évaluées, pour 1883, à 3,290,000 fr. Le poids public a rapporté 206,000 fr. en 1881, et ses recettes sont évaluées à 195,000 fr. Les entrepôts ont rapporté 2,754,000 fr., et leurs recettes sont évaluées à 2,729,000 fr.

Les recettes provenant de la participation de la ville dans les recettes de la Compagnie du Gaz sont évaluées à 13,700,000 fr. ; les recettes provenant des abonnements aux eaux de la Ville à 12,116,000 fr.

L'octroi a rapporté 148 millions en 1881. Les recettes ne sont évaluées, pour 1883, qu'à 143 millions.

Sur un budget de recettes ordinaires de 256,459,000

francs, les taxes portant sur la consommation se montent donc au chiffre de près de 182 millions de francs, dont l'octroi supporte la plus lourde part (v. graphique 1).

Voici la progression des recettes de l'octroi depuis 1859 :

1860.	73,187,000
1865.	89,949,000
1869.	107,557,000
1875.	118,243,000
1880.	142,619,000
1881.	148,630,000
1882.	149,622,000

Ces recettes se partagent de la manière suivante: boissons, 64,180,000 fr., liquides autres, 15,177,000 fr.; comestibles, 30,789,000 fr.; combustibles, 11,571,000 fr.; matériaux, 13,142,000 fr.; bois à ouvrer, 6,157,000 fr.; fourrages, 5,102,000 fr.; objets divers 2,582,000, plus un million de produits d'abonnement, etc. En 1861, chaque Parisien payait à l'octroi 45 fr. 56 c. ; en 1882, chaque Parisien a payé 65 fr. 50, ce qui fait plus de 260 fr. par famille composée de quatre personnes (v. graphique 2).

Le travail suivant montre l'influence des variations des taxes d'octroi sur la consommation.

En se reportant dans l'histoire de l'octroi de Paris aux époques où les taxes de diverses denrées ont subi des variations, on constate que toujours les augmentations de taxes ont été suivies d'une diminution dans la consommation de ces denrées, et qu'inversement les diminutions de taxes ont été suivies d'une augmentation de consommation.

Graphique n° 1 — BUDGET DES RECETTES

NOTA. — Ces graphiques sont dus à M. Prosper Guyot et ont été publiés par le *Globe*. Il y a quelques légères différences entre les chiffres des graphiques et ceux du texte. Cela tient à ce que les premiers sont ceux du projet de budget, et les seconds ceux du budget définitif.

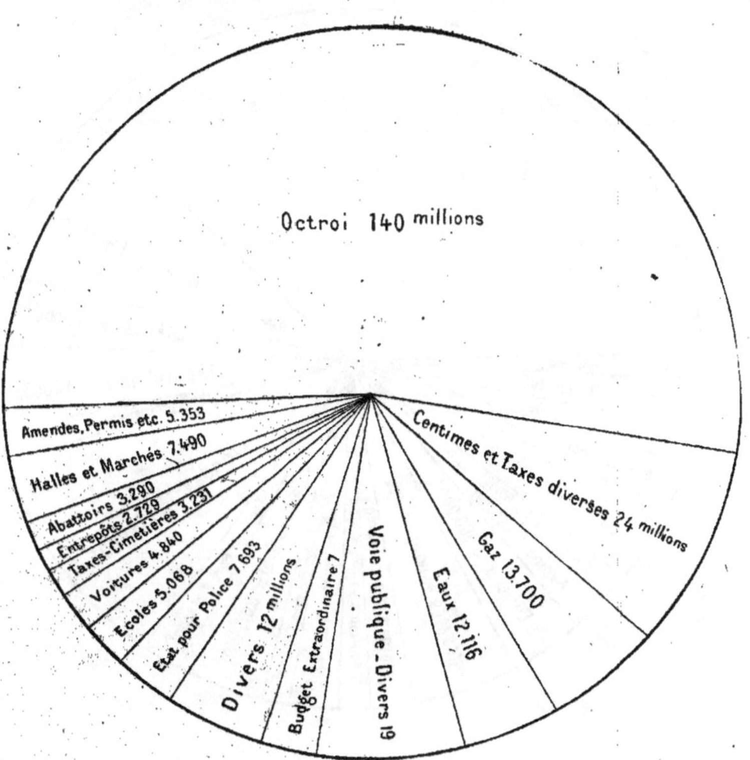

Graphique n° 2 — PRODUITS DE L'OCTROI

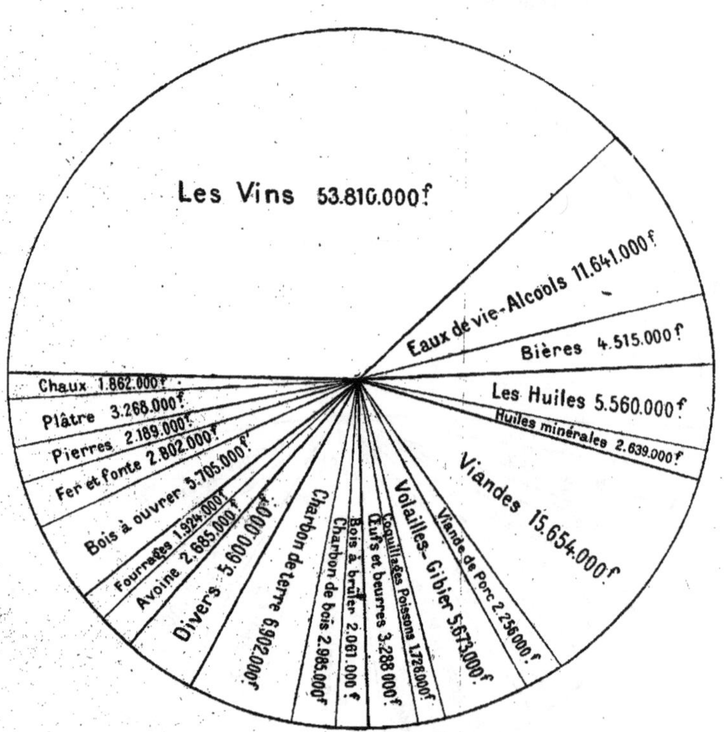

Graphique n° 3 — INFLUENCE DE L'OCTROI SUR LA CONSOMMATION

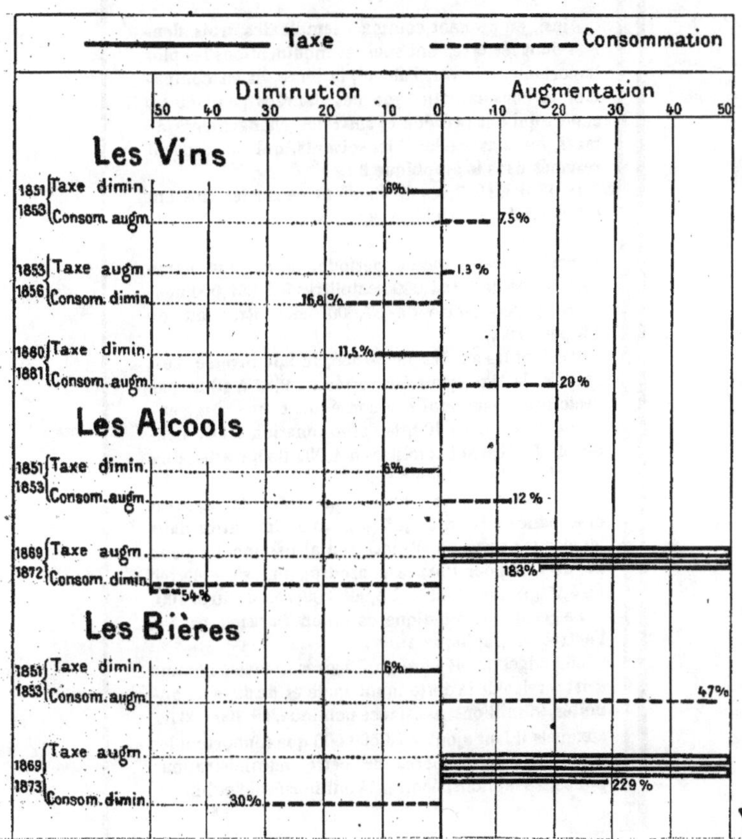

Ainsi, en prenant comme exemple les trois denrées dont les taxes ont subi les modifications les plus importantes : le vin, l'alcool, la bière, et en comparant la consommation de ces denrées pendant les années qui ont précédé et suivi les changements de taxes, on constate les faits suivants, qui se trouvent résumés dans le graphique 3 :

De 1851 à 1853, les droits d'entrée sur les vins ont été abaissés de 10,50 à 9,87, soit de 0,63 ou de 6 pour 100.

Pendant cette même période, la consommation s'est élevée de 1,154,000 hectolitres à 1,241,000 hectolitres, c'est-à-dire de 87,000 hectolitres ou de 7,5 pour 100.

Pendant les années 1853-1856, le fait inverse s'est produit, la taxe ayant été portée de 9,87 à 10 fr. par hectolitre, ayant subi par conséquent une augmentation de 1,3 pour 100, la consommation est descendue de 1,241,000 hectolitres à 1,032,000, c'est-à-dire a diminué de 16,8 pour 100.

Ces deux dernières années 1880-1881, la taxe est descendue de 10 fr. à 8,85 (plus une diminution dans les droits perçus par l'Etat), son abaissement a donc été de 11,5 pour 100; la consommation s'est élevée de 4,220,000 hectolitres à 5,066,000, soit de 20 p. 100.

Le graphique 4 indique ce qu'un Parisien paye à l'octroi (v. graphique 4).

Le budget des dépenses ordinaires se divise comme suit : service de la dette municipale et de diverses annuités, 99 millions; assistance publique, 19,700,000 fr., auxquels il faut ajouter 13,500,000 que rapportent les propriétés particulières de cette administration; police, 23 millions; écoles, 23 millions; voie publique,

20,600,000 ; eaux et égouts, 12,960,000; architecture et beaux-arts, 5,271,000; promenades, 9,796,000; préfecture et mairie, 5,890,000 ; frais de l'octroi, 7,330,000 fr. (v. graphique 5).

Maintenant nous allons voir comment se règle le budget et comment s'administrent les intérêts qu'il représente.

La ville de Paris n'est maîtresse d'établir ni de modifier aucune taxe municipale sans une loi. Elle est obligée d'avoir recours à l'octroi pour la plus grande partie de ses ressources, quoique le programme de la plupart des conseillers municipaux porte suppression de cet impôt. Le 8 juin 1880, par 41 voix contre 35, le conseil municipal a adopté une proposition de M. Yves Guyot ayant pour but de transformer une partie des taxes d'octroi en une taxe de 2 pour 1000 francs de la valeur vénale de la propriété foncière. Le gouvernement n'a pas daigné en tenir compte. Elle est restée lettre morte. L'octroi frappe les matériaux et grève la construction, avant qu'elle ne puisse servir; il frappe les comestibles, les boissons, les combustibles : il frappe tous les objets indispensables à la vie, pesant du poids le plus lourd sur les objets de qualité inférieure, et élevant d'une manière factice le prix des logements, de la nourriture, du chauffage. C'est une douane intérieure. Il faut cependant la subir.

Au point de vue des dépenses, le conseil n'a pas beaucoup plus d'autorité.

Le personnel est nommé par le préfet de la Seine et ne dépend que de lui.

Les travaux de Paris sont sous la direction d'un directeur qui est nommé par décret du chef de l'État, de sorte qu'il est non seulement indépendant du conseil municipal, mais qu'il est même indépendant du préfet. Le titulaire actuel, M. Alphand, est un homme d'un grand talent, d'une grande initiative, et, comme il a besoin du conseil municipal pour voter les crédits qui lui sont nécessaires, on arrive à s'entendre avec lui; mais s'il refusait d'exécuter les délibérations du conseil municipal, celui-ci n'aurait aucun moyen légal de lui forcer la main.

Pour l'enseignement, la ville donne 23,255,000 fr. auxquels il faut ajouter 1,389,000 fr. pour des bourses dans les lycées et établissements spéciaux. Le directeur de l'enseignement est un inspecteur de l'Université, indépendant non seulement du conseil municipal, mais encore du préfet. De 1871 à 1881, le conseil a fait des œuvres considérables pour le développement de l'enseignement; mais il voulait, en même temps, que les écoles publiques, payées par lui, fussent laïques, ne fussent plus dirigées par les frères ignorantins ou autres congrégations religieuses. Ses vœux obstinés sont restés sans effet jusqu'en 1880 : et à cette époque, le préfet a laïcisé certaines écoles et a laissé les autres aux mains des congréganistes, agissant à sa guise, sans tenir compte de la volonté du conseil municipal. Celui-ci a fini cependant par triompher.

Le conseil municipal n'a qu'une influence morale sur la direction de l'enseignement : mais le conseiller n'avait pas le droit, avant une récente organisation des délégations cantonales, d'entrer dans l'école où le curé pouvait pénétrer à l'aise. Il n'a point de contrôle sur le personnel enseignant. Il n'a pas le droit d'intervenir dans la rédaction ni dans l'application des programmes. Il subventionne des établissements d'enseignement secondaire, qui, en réalité, ne font que ce que veut l'État. Les particuliers ont le droit de créer des établissements d'enseignement supérieur. Paris, non!

Le directeur de l'assistance publique est nommé par le gouvernement. Il est à la fois indépendant du préfet et du conseil municipal. De plus il est assisté d'un conseil de surveillance, composé de membres nommés par le chef de l'État sur diverses listes de présentation. Le conseil municipal, représenté seulement par deux membres sur vingt dans le conseil, n'intervient que par des avis et par une subvention de 19 millions. L'assistance publique remplace à Paris le bureau de bienfaisance et la commission administrative des hospices qui, dans les autres communes, fournissent, le premier des secours aux indigents, la seconde, des secours aux malades et aux infirmes. Cette administration s'occupe bon an mal an de 350,000 individus, ce qui fait près du cinquième de la population. Un exemple va montrer au milieu de quelles chinoiseries se débat le conseil municipal. L'organisation et la distribution des secours à domicile à Paris devaient, d'après la loi du 10 janvier 1849, faire l'objet d'un « règlement d'administration publique », c'est-à-dire d'un décret du chef de l'État, rendu en conseil d'État. Le règlement légal, prévu par la loi de 1849, n'ayant pas été fait, un règlement administratif, émané de la direction de l'assistance publique et approuvé par le préfet le 28 juillet 1860, a été mis à exécution. Ce règlement, conformément aux dispositions des ordonnances antérieures, porte que le service des maisons de secours sera fait par les sœurs. Le conseil municipal voulait les remplacer par des laïques, mais la direction de l'assistance publique

Graphique n° 4 — COUT DE L'OCTROI POUR CHAQUE PARISIEN A DIVERSES ÉPOQUES

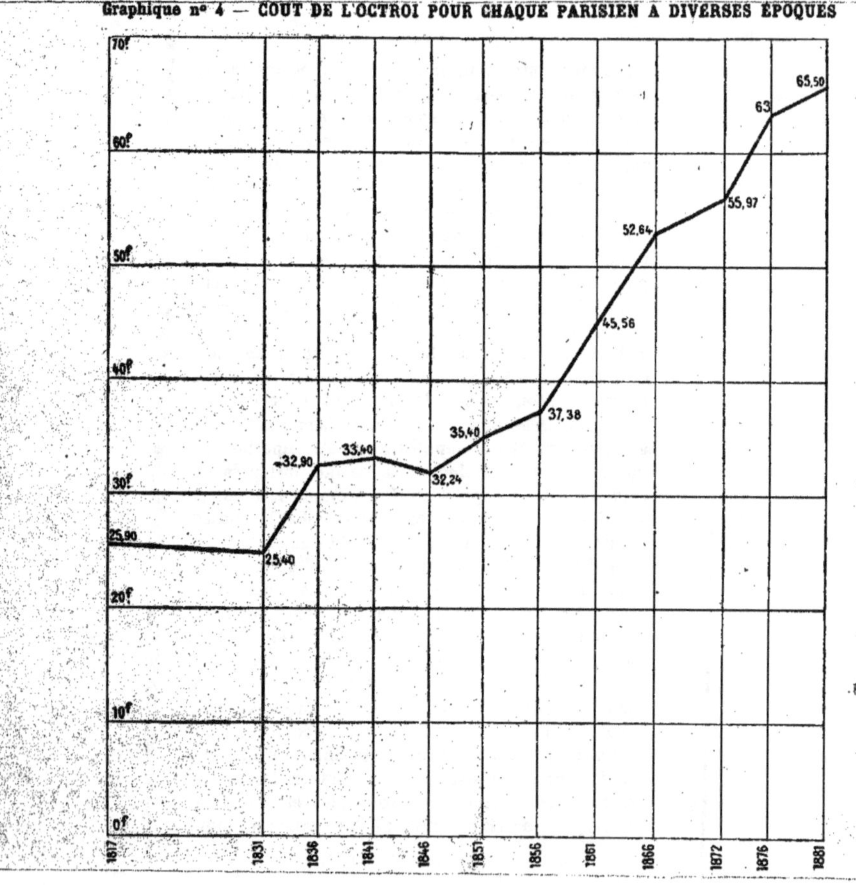

Graphique n° 5 — BUDGET DES DÉPENSES

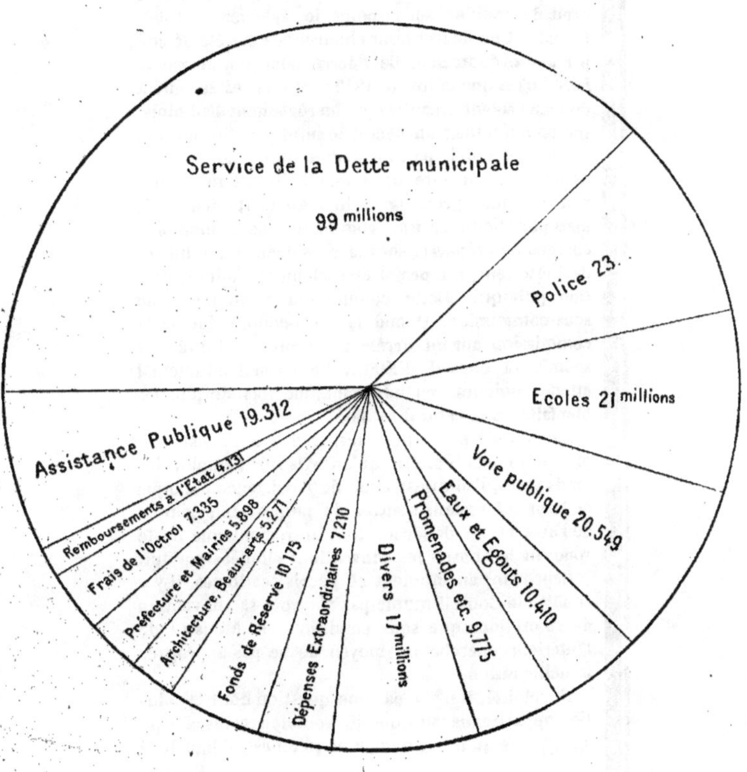

et le préfet de la Seine déclarent qu'ils n'ont pas le droit de modifier, sur ce point, le règlement de 1860. Il faudrait un décret pour changer ce qui a été décidé par une ordonnance. Ce décret, pourquoi ne pas le faire? c'est que la loi de 1849 veut que les secours à domicile soient organisés par un règlement d'administration publique ; un décret ne suffit pas. Sur un vœu du conseil municipal, un décret du président de la République, en date du 4 mai 1880, est intervenu, non pas pour promulguer le règlement demandé, mais pour nommer une commission de 23 membres chargée de préparer, sous la présidence du ministre de l'intérieur, un projet de règlement d'administration publique. Cette commission a nommé une sous-commission. Quand la sous-commission et la commission auront arrêté un projet, celui-ci sera soumis au conseil d'Etat... Le conseil municipal attend toujours, en admirant une fois de plus les bienfaits de la centralisation.

Le conseil peut voter des crédits à l'assistance, mais il ne peut émettre qu'un avis sur l'emploi des fonds votés, l'administration de l'assistance publique et le préfet restant maîtres de ne pas tenir compte de l'avis et de dépenser tout autrement que ne le voudrait le conseil les subventions allouées par lui.

Cependant au moment où j'écris ces lignes, il y a conflit : le Conseil municipal n'a voté sa subvention de 19 millions que sous condition : le Ministre de l'intérieur cherche un moyen de ne pas approuver la délibération.

En réalité, il n'y a pas une question dont la solution appartienne au Conseil. Toutefois celui-ci a pu agir, parce qu'il a le budget et qu'on est obligé de le ménager sur tel point pour obtenir son adhésion sur tel autre. C'est un marchandage perpétuel.

Mais à la Préfecture de police, il n'en est plus de même. Sur un budget de plus de 23 millions, il n'y a que 200,000 fr. de dépenses facultatives. Toutes les autres sont obligatoires. Si le Conseil municipal refuse une dépense obligatoire, le gouvernement la rétablit d'office. Si le Conseil municipal a désaffecté les fonds qui y étaient destinés, le gouvernement peut prendre à son gré sur les dépenses facultatives, biffer les crédits votés et les reporter aux dépenses obligatoires. Il pourrait encore employer un autre moyen : frapper de nouveaux centimes additionnels les contributions directes.

La Préfecture de police est partagée en deux divisions : la première a des attributions politiques et judiciaires qui la mettent complètement en dehors de l'action du Conseil municipal ; la seconde a des attributions municipales qui la mettent en perpétuel conflit avec la Préfecture de la Seine. Le cadre des 7,000 agents de la police municipale est déterminé par l'arrêté du chef du pouvoir exécutif du 20 juin 1871. Le Préfet y introduit les modifications qui lui conviennent : mais le conseil municipal n'a pas le droit d'y toucher.

Le Préfet de police est, en France, le fonctionnaire le plus irresponsable de tous. Comme le Conseil municipal vote son budget, on ne s'en inquiète pas au Parlement ; et comme le Conseil municipal n'a aucun droit de contrôle sur le susdit budget, le Préfet de police peut agir comme bon lui semble. Il n'est pas étonnant que cette administration, placée dans cette situation à part, en abuse ; elle est chargée de maintenir l'ordre : elle est le désordre incarné. Elle est chargée de poursuivre les voleurs ; elle est la dilapidation et le vol organisés.

Le Préfet de police est plus puissant que le procureur de la République, que le procureur général de Paris, que le garde des sceaux. En vertu de l'article 10 du Code d'instruction criminelle, il a droit de perquisition, d'arrestation. Voici comment il en use. Le fait est cité par un ancien juge d'instruction, actuellement juge au tribunal de la Seine, M. Martin-Sarzeaud, dans une étude sur le Code d'instruction criminelle.

« Une jeune veuve, qui avait eu des relations avec le comte X..., refusa, lors de leur rupture, de lui remettre certaines lettres. Sur la plainte de l'intéressé, sans aucune demande préalable d'explications, le Préfet de police, agissant comme officier de police judiciaire, fit procéder à une perquisition au domicile de cette femme ou plutôt au domicile de son père, ancien employé supérieur d'une de nos grandes administrations ; la police saisit les papiers qu'il lui convint de prendre, et elle en fit tel usage que bon lui sembla. Est-il besoin d'ajouter que, cette besogne faite, le Préfet ne jugea pas opportun de saisir la justice ? La famille, redoutant un scandale, se borna, de son côté, à protester officieusement, auprès de qui de droit, contre les procédés de la Préfecture de police. »

M. Martin-Sarzeaud cite encore deux ou trois faits du même genre. Les procès-verbaux ne parviennent au procureur de la République que par l'intermédiaire de la Préfecture de police, qui les examine, envoie ceux qu'elle veut bien transmettre au parquet et met dans un carton ceux qu'elle veut conserver. M. Ribot, député, ancien substitut du parquet de Paris, disait : « L'abus à Paris est que le préfet de police se constitue juge de l'opportunité de saisir le procureur de la République. » La centralisation a si bien fait qu'elle a soumis le magistrat à l'agent d'exécution.

Il s'est mis au-dessus de toute loi en organisant le système dit : police des mœurs. Il arrête, il juge, il détient, de sa propre autorité, en violation ouverte de nos Codes.

Il a, à sa disposition, des milliers d'autorisations avec lesquelles il se fait des obligés, des subordonnés ; et alors il y a un échange réciproque de corruption entre celui qui cherche à gagner les faveurs de la police et les agents qui en disposent.

Le Préfet de police reçoit, outre son budget qui n'est pas contrôlé, 700,000 fr. de fonds secrets du Ministre de l'intérieur. Il n'en doit compte à personne. Ce qu'il en dépense, il l'emploie en corruptions de toutes sortes à des journalistes véreux, à des agents provocateurs, à des filles qui cumulent la prostitution et l'espionnage.

Le préfet de police a encore sous sa direction la garde républicaine, force armée, entretenue pour moitié par le Conseil municipal, et ne dépendant que du ministère de la guerre. Il a aussi dans son service les sapeurs-pompiers.

On voit l'autorité effrayante de cet homme et son irresponsabilité absolue. Agent politique, il est indépendant du Parlement ; officier judiciaire, il est indépendant de la justice ; officier municipal, il est indépendant du Conseil municipal.

D'après la loi de 1871, les préfets ont entrée au Conseil municipal. C'est apparemment pour y donner des explications. Ils donnent des explications quand bon leur semble ; quand ils sont gênés par la question qui leur est posée, ils répondent qu'ils ne sont responsables que devant le ministre de l'intérieur. Le Conseil vote alors un ordre du jour de blâme. Huit jours après, le préfet triomphant apporte un décret annulant l'ordre du jour, ce qui est assez grotesque, car cette annulation ne peut changer l'opinion du Conseil. Sauf M. Hérold qui, ancien conseiller municipal, tenait un certain compte des décisions du Conseil, et M. Floquet qui, ancien président du Conseil municipal, déclara que, préfet nommé, il administrerait en maire élu, tous les autres préfets de la Seine ont été en lutte permanente avec le Conseil. Le préfet actuel, M. Oustry, n'est pas en lutte. Il n'existe pas pour le Conseil. Il y est un étranger. On ne le connaît pas. Il a fait sa carrière dans des préfectures de province, et il ne peut s'empêcher de manifester son étonnement à ses directeurs : « Quel drôle de Conseil municipal que le Conseil municipal de Paris. Il est tout, le Conseil général n'est rien. Il ne connaît ni sessions ordinaires, ni sessions extraordinaires. » Enfin, dans les départements, les préfets portent un uniforme brodé en argent. A Paris, aucun préfet depuis 1871 ne s'est donné le ridicule d'une pareille tenue. La première fois que M. Oustry devait paraître devant le Conseil municipal, il demanda à son prédécesseur : « Il faut mettre son *zinc*, n'est-ce pas ? » Celui-ci eut la bonté de lui expliquer que l'uniforme obtiendrait un succès de fou rire.

Le préfet de police est toujours en conflit avec le

Conseil municipal. C'est son état normal et obligatoire. Naturellement, il croit de son devoir strict de défendre les privilèges de son administration. « Il n'a pas le droit, dit-il, de laisser péricliter l'autorité qui lui a été confiée. » Par la force des choses, le Conseil municipal veut empiéter sur cette autorité, contrôler l'emploi des 23 millions qu'il vote, protéger les habitants de Paris contre l'espionnage, l'arbitraire, la négligence de la police. Le préfet de police se fâche et refuse de répondre.

Cependant, la crise s'aggrave chaque jour. Le budget de 1883 n'a été que péniblement voté; des crédits ont été rejetés : l'année prochaine, le budget sera certainement repoussé. On inscrira d'office toutes les dépenses obligatoires, mais d'après la moyenne des trois dernières années, c'est-à-dire à un chiffre inférieur à celui où il se trouve.

Or, le préfet de police a une telle habitude de traiter la loi avec désinvolture, qu'au moment même où il invoquait l'article 19 de la loi de 1837 pour l'inscription d'un crédit repoussé, il le violait en inscrivant tout simplement le crédit au chiffre primitif de sa demande, 1,211,000 francs. M. Mathé a invité le Conseil à se pourvoir devant le Conseil d'État; dans les autres communes, le maire exécute les délibérations : ici, c'est le préfet de police qui est chargé de se pourvoir contre lui-même et de s'accuser d'avoir violé la loi.

Les contribuables parisiens obligés de participer à des dépenses dont ils n'ont pas le contrôle; leurs représentants dépouillés de toute initiative; le pouvoir exécutif absolument indépendant du corps qui lui vote des ressources et délibère sur les projets qu'il doit exécuter; deux préfets qui sont à la fois deux maires, ce qui est en contradiction avec toutes les règles de l'organisation administrative de la France; des directeurs, nommés par l'État, indépendants des préfets et du Conseil municipal; les deux préfectures toujours en conflit entre elles et avec le Conseil municipal; une énorme machine, ne se mouvant qu'avec des frottements qui la font s'user elle-même sans donner d'effet utile; des rouages tournant en sens contraire; les intérêts publics brisés, émiettés par tous ces tiraillements; des efforts énormes, des résultats nuls; absence de responsabilité; anarchie complète; voilà le résultat auquel a abouti la volonté du pouvoir central d'être le maître de Paris et de ne lui laisser que l'ombre d'une liberté municipale.

II

SON AVENIR

Les représentants les plus autorisés de Paris n'ont pas cessé de protester contre cet état de choses. La fortune politique de M. Jules Ferry date d'une brochure qu'il écrivit, sous l'empire, en 1868, sur l'administration de la commission municipale intitulée : *Comptes fantastiques d'Haussmann.* En 1871, au moment de la Commune, un groupe d'hommes forma la *Ligue d'union républicaine des droits de Paris*, qui obtint l'armistice de Neuilly et put avoir, un moment, l'espoir de donner une solution pacifique à la guerre civile. Dans son manifeste du 5 avril 1871, elle prenait pour programme : « Reconnaissance du droit de Paris à se gouverner, à régler, par un conseil librement élu et souverain dans la limite de ses attributions, sa police, ses finances, son assistance publique, son enseignement et l'exercice de la liberté de sa conscience. » Il était signé, entre autres noms, par MM. Allain Targé, devenu depuis ministre, Floquet, devenu préfet de la Seine, Corbon, Laurent Pichat, aujourd'hui sénateur, Emile Brelay, Clémenceau, Delattre, Lafont, Lockroy, Villeneuve, aujourd'hui députés, Braleret, Paul Dubois, Jobbé-Duval, Yves Guyot, aujourd'hui conseillers municipaux, etc.

Au milieu des difficultés de la réaction politique, de la terreur que causait et que cause encore l'assemblée municipale de Paris aux représentants des campagnes, le conseil municipal, élu depuis 1871, n'a pas cessé de poursuivre la revendication de ces réformes. Dans la pratique, il a agi avec prudence. La loi donne au pouvoir central le droit de suspension et de dissolution. Les gouvernements mêmes du 24 mai et du 16 mai n'ont pas osé prendre cette mesure. Il est vrai qu'ils se trouvaient dans la situation suivante : ils redoutaient le Conseil municipal, mais ils se rappelaient les scandales provoqués par la gestion de la commission municipale sous l'empire. Ils ne voulaient pas compliquer leur responsabilité, déjà si chargée, de la responsabilité de l'administration de Paris. Puis la dissolution du Conseil municipal eût été considérée par la population comme un prélude de coup d'État.

En 1880, le Conseil municipal nomma une commission chargée de rédiger un programme détaillé d'organisation municipale de la ville de Paris. Elle était composée de MM. Engelhard, président, Sigismond Lacroix, secrétaire et rapporteur ; Delabrousse, Forest, Yves Guyot, de Hérédia, Hovelacque, Henry Maret, Songeon, Vauzy. Elle aboutit à un rapport considérable de M. Sigismond Lacroix : la discussion fut brillante ; le projet fut voté le 6 novembre 1880. C'est lui qui a reçu le nom d' « autonomie communale. » Ce mot est devenu un épouvantail. Il ne se passe guère de mois où soit au Sénat, soit à la Chambre des députés, on ne l'agite comme un spectre, comme un diable, comme un croquemitaine. Ce qui est curieux, c'est que M. Jules Ferry, le président du conseil, qui le repousse comme « un péril social », en est le père, par ordre chronologique. Il disait en 1865 : « Le municipaliste sera le maître. J'ai dit : *autonomie*, c'est le vrai mot. Rien ne dit mieux ce qui nous manque. »

Voici les principales dispositions de ce terrible projet.

Il commence par rétablir la proportionnalité entre le nombre des électeurs et celui des élus. Chaque arrondissement comptant 80,000 habitants élit quatre conseillers, les arrondissements ayant plus de 80,000 habitants élisent en sus un conseiller par 20,000 habitants ou fraction de 20,000. Cela porterait le chiffre de 80 à 115 conseillers. Les élections ont lieu au scrutin de liste. La représentation de chaque arrondissement est renouvelée par tiers chaque année.

Actuellement les élections contestées sont validées par le conseil de préfecture; dans le nouveau système, elles sont validées par le Conseil municipal.

Actuellement, le Conseil municipal est convoqué par le préfet : dans le nouveau système, il est convoqué par le président, d'après son initiative ou sur la demande des membres du Conseil municipal.

Actuellement les séances ont lieu à huis clos ; dans le nouveau système, elles sont publiques.

Actuellement les fonctions de conseiller municipal sont complètement gratuites : la loi est formelle. Cependant, elles sont loin de constituer une sinécure. Le nombre des affaires délibérées chaque année varie de 2,500 à 3,000 ; le Conseil municipal tient de 80 à 100 séances générales ; de 300 à 350 séances de commissions. Le conseil général tient de 20 à 30 séances générales et de 60 à 80 séances de commissions. Il faut ajouter que les conseillers municipaux font, en plus, presque tous partie de commissions administratives : conseil départemental de l'instruction publique, délégations cantonales, conseil de surveillance de l'assistance publique, conseil de surveillance du mont-de-piété, commission consultative de l'octroi, commissions de surveillance des collèges, écoles primaires supérieures, écoles d'apprentis ; commissions pour l'enseignement professionnel, pour le chant, le dessin, les livres de prix, les secours à domicile ; commissions de surveillance du travail des enfants dans les manufactures ; caisses des écoles ; commissions pour la formation des listes électorales, du jury..., conseil de révision, tirages d'emprunts, etc., etc. Aucune de ces nombreuses séances ne donne droit à un jeton de présence.

Actuellement le gouvernement a le droit de remplacer le Conseil municipal par une commission non élue, et cela, pendant une durée de trois années. Dans le projet, ces dispositions sont abrogées. Les électeurs, étant appelés à se prononcer fréquemment, jugent la conduite du conseil et peuvent en changer la majorité.

A la place des deux préfets, le projet délègue le pouvoir exécutif à un conseil de mairie, analogue à ce que la loi de 1790 appelait le bureau municipal. Ce conseil de mairie serait composé du maire, président, et de huit adjoints. Le maire est élu par le Conseil municipal ; les adjoints également, mais au scrutin de liste. Tous sont élus pour la durée de leur mandat, c'est-à-dire trois ans, mais toujours révocables à la majorité absolue. Chacun des adjoints est placé à la tête d'un service municipal, dont il est spécialement responsable devant le Conseil municipal. Le conseil de mairie est collectivement responsable devant le Conseil municipal. Le maire préside le conseil, surveille tous les services sans en diriger aucun personnellement. En réalité, dans ce système, chacun des adjoints devient un ministre municipal avec le double rôle qui appartient aux ministres parlementaires : direction personnelle d'un département, part d'influence dans la direction de tous les autres départements.

Le Conseil de mairie nomme et révoque les employés et les agents de l'administration pour chaque service.

Au point de vue des attributions, voici les principales dispositions du projet.

Le Conseil municipal décide, par ses délibérations, toutes les affaires d'intérêt communal. Ses délibérations sont immédiatement exécutoires ; elles ne sont susceptibles ni d'approbation ni d'opposition, sauf le recours des intéressés devant les tribunaux. Le Conseil de mairie exécute les décisions du Conseil municipal.

Le rapporteur, M. Sigismond Lacroix, expliquait dans les termes suivants, la doctrine de la Commission et du Conseil sur ce point. « Il s'agit de créer un pouvoir qui soit libre dans la limite des intérêts communaux... Mais quelles sont les affaires d'intérêt communal ? Quelles doivent être, par conséquent, les attributions municipales ? Nous le reconnaissons volontiers, il est difficile de déterminer *a priori* les attributions de la commune par rapport à celles de l'État. Il est difficile de préciser la limite qui distingue l'intérêt communal de l'intérêt national. Et cela est dificile, parce qu'il n'y pas, pour faire cette distinction et ce partage d'attributions, de criterium scientifique absolu. C'est une question qui ne peut être résolue que pour un temps donné, dans un pays déterminé, eu égard aux mœurs politiques de ce temps et de ce pays, eu égard aux résultats de l'expérience, eu égard aussi à l'état des esprits... En réalité même, s'il devait y avoir hostilité entre l'intérêt communal et l'intérêt national, la distinction précise serait impossible à établir, parce que toutes les affaires communales intéressent l'État, comme toutes les affaires de l'État intéressent la commune.

« Mais loin qu'il y ait hostilité, il y a union étroite entre les intérêts de la commune et ceux de l'État, il y a connexité intime, il y a surtout, et c'est là ce qui rend heureusement la solution facile, il y a solidarité complète.

« L'État est solidaire de la commune, la commune est solidaire de l'État, l'un ou l'autre ne peut prospérer ou souffrir, sans que l'un ou l'autre souffre ou prospère. Rien de ce qui se passe dans la commune n'est indifférent à la nation, comme rien de ce qui se passe dans l'État n'est indifférent à la cité. Ce qu'il s'agit donc de décider, ce n'est pas de savoir si telle ou telle affaire est exclusivement communale ou exclusivement nationale, on n'en trouverait pas de pareilles ; ce qu'il s'agit de décider, c'est de savoir, s'il vaut mieux, dans l'intérêt commun de la cité et de l'État, de la commune et de la République, que telle ou telle affaire soit gérée par la commune ou par l'État.

« Le principe qui nous a guidés dans la rédaction de notre projet est donc celui-ci : dans la limite des intérêts communaux, la commune doit être souveraine ; quant à la limite des intérêts communaux, elle ne peut être fixée d'une manière générale et absolue ; pour chaque service en particulier, il y a à voir, d'après l'expérience acquise et l'état des mœurs, s'il est utile que ce service soit un service communal. »

Voici, d'après le Conseil municipal de Paris, les services qui doivent être des services municipaux.

Le Conseil municipal doit fixer l'établissement, l'assiette et le mode de perception des impôts communaux. Avantages : car la commune peut faire des expériences que l'État n'ose pas faire. Si ces expériences sont mauvaises, leur champ est limité. Les électeurs sont à même de faire revenir rapidement le Conseil municipal sur sa décision.

Actuellement, le budget est soumis à l'approbation de l'État, approbation un peu platonique. Aucun ministre n'a osé le remanier. Dans le projet, le vote du budget annuel est définitif.

On a vu les sacrifices considérables que fait la ville de Paris pour l'enseignement, et que, si elle est libre au point de vue de la dépense, elle est exclue soigneusement de la direction. Cependant Paris présente toutes garanties sous ce rapport. Dix ans avant la loi de 1881, Paris avait établi la gratuité non seulement des cours, mais encore des livres et des fournitures scolaires ; de plus, les caisses des écoles donnent des secours aux enfants pauvres. Le Conseil municipal a créé des écoles d'enseignement supérieur ; il a créé des écoles professionnelles. Dès qu'il a fondé quelque œuvre de ce genre, l'État intervient, le met à la porte et s'installe à sa place. — C'est à vous d'en sortir ! répète-t-il avec Tartufe.

Le projet demande que l'administration municipale ait la direction des établissements publics d'instruction primaire; qu'elle puisse fonder des établissements communaux d'instruction secondaire et supérieure; que les programmes d'enseignement soient arrêtés par le Conseil municipal.

Il y a des dépenses obligatoires pour les cultes. Elles se montaient à 3 ou 4 millions; depuis un certain nombre d'années, le conseil les a toujours refusées. L'administration les a examinées de plus près. Maintenant, elles sont tombées à 19,000 fr.! Mais il y a une singulière anomalie, créée par le décret du 23 prairial an XII, confirmée et développée par les décrets des 10 mai 1806 et 18 août 1811; les fabriques des églises et des consistoires ont, dans toutes les communes, le monopole de l'entreprise des pompes funèbres. Le libre penseur doit payer à l'église les tentures, le char, les ornements, le cercueil. La commune n'a même pas le droit de discuter les tarifs. C'est l'État qui, sous forme d'arrêté préfectoral ou de décret rendu en conseil d'État, arrête et fixe définitivement les tarifs et le mode de transport.

Le projet demande que le service des inhumations et des pompes funèbres, abstraction faite du cérémonial, constitue un service municipal.

La loi du 14 décembre 1789, sur la constitution des municipalités, avait dit que l'une des fonctions propres au pouvoir municipal était «de faire jouir les habitants des avantages d'une bonne police, notamment de la propreté, de la salubrité, de la sûreté et de la tranquillité dans les rues, lieux et édifices publics.» On a vu comment l'arrêté de messidor avait appliqué cette disposition. En 1870, M. de Kératry, préfet de police, adressa au gouvernement de la Défense nationale un rapport tendant à la suppression de la préfecture de police. Le gouvernement l'inséra au *Journal officiel* du 6 octobre, en le faisant suivre de la note suivante : « Le gouvernement de la Défense nationale, approuvant complètement l'esprit et les termes du rapport qui précède, invite M. le préfet de police à lui présenter un projet de décret qui réalise les propositions éminemment libérales et républicaines dont il a pris la courageuse initiative. »

Le projet en est resté là. Les membres du gouvernement de la Défense nationale qui, depuis, ont fait partie de différents ministères, ne l'ont jamais ressuscité. Le Conseil municipal de Paris en demande actuellement la réalisation. La police municipale de Paris rentrera dans les attributions de l'administration municipale ; le Conseil municipal l'organisera, le Conseil exécutif la dirigera, par l'intermédiaire d'un adjoint spécialement délégué à la direction de la police. La police judiciaire sera exercée par les magistrats, auxquels les commissaires de police transmettront directement leurs procès-verbaux, comme cela se fait partout ailleurs qu'à Paris. Quant à la police politique, si le gouvernement juge bon d'en avoir une, elle appartiendra naturellement au ministère de l'intérieur, sous le contrôle de la Chambre.

L'assistance publique est une institution absolument communale et l'État ne devrait avoir le droit d'intervenir que si le Conseil municipal manquait à ses devoirs. Le projet demande donc que l'administration municipale organise et dirige les services et le personnel de l'assistance publique. Les biens qui ont été ou seront donnés ou légués avec affectation spéciale aux besoins de l'assistance publique resteront distincts du domaine municipal.

Tel est le programme de la majorité du Conseil municipal de Paris. Aux élections de 1881, les électeurs donnèrent la majorité aux conseillers municipaux qui le prenaient pour base de leur programme. Le président actuel, M. de Bouteiller, appartenant au groupe de l'autonomie communale, a été élu par 45 voix contre 24 données à son concurrent. Des élections nouvelles vont avoir lieu au mois de janvier prochain. Nul doute qu'elles ne donnent une forte majorité aux partisans de ce projet.

Ses adversaires déclarent qu'il conduit à l'émiettement de la France ; qu'il élimine l'État de la Capitale. Ces objections sont des objections *a priori* faites par des gens qui jugent les choses sur l'étiquette et non pas sur la réalité. Ce projet ne donne aucun pouvoir judiciaire à la municipalité ; il laisse à l'État le droit de mettre à Paris telle force armée qu'il lui conviendra ; il ne vise que des attributions communales, pas une seule attribution ayant un caractère national, au delà des limites de la commune.

Quel est l'avenir de ce projet devant le Parlement? Il est évident que la Chambre des députés et le Sénat veulent en retarder le plus longtemps possible l'échéance. M. Goblet avait pris l'engagement de déposer un projet très modeste, préparé par M. Floquet, tendant tout simplement à nommer un maire de Paris et deux adjoints, ayant une partie du pouvoir exécutif que détient en ce moment le Préfet. M. Goblet n'osa pas le présenter devant la Chambre des députés. Elle discute, en ce moment, une loi sur l'organisation municipale qui doit s'appliquer à toutes les communes de France grandes et petites à l'exception de Paris. Nous reconnaissons volontiers qu'une ville de plus de 2,260 mille habitants ne peut pas s'administrer comme une commune qui n'en a pas 100 ; mais nous croyons que le projet d'organisation municipale, préparé pour Paris, peut, sauf quelques modifications de détail, s'appliquer à toutes les villes, ayant, par exemple, plus de 10,000 habitants, c'est-à-dire des ressources suffisantes pour vivre par elles-mêmes.

Aux objections qui leur sont opposées, les partisans de la liberté communale répondent : « La centralisation a été léguée à la France par Louis XIV ; elle a été consolidée par les institutions de l'an VIII, établies par Bonaparte au lendemain du coup d'État du 18 brumaire. C'est la centralisation qui donne son instabilité au gouvernement français. Voulant tout faire, il est moralement responsable de tout. Étant de fait irresponsable, il concentre sur lui les colères de tous les mécontents. Cette centralisation permet les coups d'État et les révolutions. Sans elle, 1830, 1848, le 4 septembre 1870 auraient-ils été possibles ? Le 18 brumaire et le 2 décembre en sont les produits. Si elle n'avait pas existé, est-ce que le 24 mai et le 16 mai auraient pu être tentés ? Est-ce qu'il serait question des menées, des intrigues, des complots des princes ? Quand le pays tout entier reçoit l'impulsion du pouvoir, il suffit qu'un audacieux mette la main sur le levier de la machine pour tout écraser.

« La centralisation, c'est le régime de la conquête, l'oppression du plus fort. Le vainqueur, l'homme qui possède le pouvoir impose son autorité, sa volonté au pays. La liberté communale, c'est le règne de l'agrégation volontaire, de la solidarité librement consentie. La première est la conséquence logique des gouvernements absolus, qu'ils s'appuient sur un prétendu droit divin, un droit historique, ou qu'ils soient nés d'un coup de force; la seconde est la forme nécessaire d'une République dans laquelle le pouvoir n'est qu'une délégation.

« La Chambre n'a guère fait de réformes depuis qu'elle a été élue en 1881. Cette difficulté d'aboutir devrait lui montrer qu'il faut laisser aux communes la plus grande liberté d'expérience possible. Toute réforme implique un certain risque. Si l'État la tente, le risque devient considérable. Si elle est d'abord accomplie par des communes, le risque est divisé.

« Sous prétexte d'unité, on veut que toute la France soit uniforme, et marche d'un pas égal vers l'avenir. Or, il y a des minorités très avancées, d'autres très rétrogrades. Sous prétexte de ne pas laisser en arrière, de forcer à marcher en avant les communes de la basse Bretagne réfractaires au progrès, on veut ramener Paris à leur niveau. On s'étonne ensuite que lui et les grandes villes s'impatientent! Si elles peuvent gérer librement leurs affaires municipales, sous les grandes garanties de droit commun, stipulées pour la nation entière, elles donneront l'exemple aux autres. Le progrès se proportionnera à chaque milieu. C'est la substitution de la propagande de la persuasion à la contrainte, au mouvement par ordre!

« La commune est l'école primaire de la politique.

C'est en s'occupant des intérêts de la commune que l'électeur peut comprendre les rapports de ses intérêts privés avec les intérêts collectifs. Le Conseil municipal doit être l'épreuve des hommes publics. C'est là qu'ils apprennent le maniement et la pratique des affaires; c'est là que leurs commettants peuvent les juger à l'œuvre. Plus la compétence des municipalités sera étendue, plus cette épreuve sera sérieuse. »

Tel est le langage des autonomistes de Paris. On le qualifie volontiers de séditieux.

La question de la municipalité de Paris ne peut cependant beaucoup tarder à être résolue. Déjà, elle a fait des pas considérables. En 1871, les premiers conseillers municipaux élus se heurtaient à une administration hostile. Ceux qui sont restés au Conseil depuis cette époque ont pu constater les changements survenus. L'administration s'aperçoit que les préfets passent plus vite que certains conseillers municipaux et que beaucoup de ceux-ci ne quittent l'assemblée communale que pour prendre une place importante à la Chambre des députés. L'administration cède sous la pesée du Conseil municipal qui a derrière lui un formidable mouvement d'opinion publique. Le Conseil municipal de Paris est le corps politique le plus populaire auprès du parti radical; on s'en est aperçu, l'année dernière, lors de l'inauguration de l'Hôtel de Ville. Cette année, le Conseil municipal va définitivement en prendre possession. Il sera difficile que la question de la loi municipale de Paris ne se présente pas avant cette époque. Il est probable que d'ici là, la Chambre des députés adoptera le projet de loi Floquet : dans ce projet, les sessions ordinaires sont de deux mois chacune et le Conseil peut toujours être réuni sur la convocation du maire. Il y a un maire et deux adjoints, élus par le Conseil municipal, qui pourraient être révoqués par décret du Président de la République. Ce n'est pas grand'chose ; mais l'axe est déplacé. C'est le maire qui représente Paris et non plus les deux préfets, celui de la Seine et celui de la police. Nous revenons à la vérité ; et ce premier pas en entraînera beaucoup d'autres. Les autoritaires le savent bien. C'est pour ce motif qu'ils redoutent la mairie centrale, et déclarent que la France est perdue si cette institution est établie.

La question va encore se poser pour un autre motif. On sait que Paris est entouré par un mur d'enceinte. Ce mur d'enceinte, avec la zone militaire, occupe un rayon de 400 mètres sur une longueur de 33 000 mètres qui isole complètement Paris de sa banlieue. En ce moment, sévit une crise grave sur les loyers. Les ouvriers et les employés ne trouvent plus d'appartements en rapport avec leurs ressources. Un projet est déposé au Conseil municipal pour négocier avec le ministre de la guerre afin d'obtenir la désaffectation du mur d'enceinte, rendu inutile pour la défense de Paris par les nouveaux forts qui ont été construits depuis 1870. Beaucoup de généraux, entre autres le général du génie de Villenoisy, le général Millot, commandant la place de Paris, sont partisans de la suppression de ce genre de fortification. Or, les communes riveraines seront annexées à Paris, dès qu'elles n'en seront plus séparées par cet isolant. Il faudra donc remanier l'administration de Paris, et certainement la liberté municipale y gagnera encore quelque chose.

Enfin, la Préfecture de police ne peut rester dans l'état où elle se trouve. Le budget sera certainement refusé par le Conseil municipal. La magistrature se plaint elle-même, comme on l'a vu plus haut, de la situation qui lui est créée par ce monstrueux pouvoir. Cette institution n'a pas un défenseur avoué. Le gouvernement n'osera pas en prendre complètement la direction, car ce serait un conflit permanent entre le ministre et le Conseil municipal qui aurait son contrecoup à la Chambre, comme on l'a déjà vu à plusieurs reprises. Trois ministres sont tombés pour avoir défendu le Préfet de police; l'un immédiatement, les deux autres quelques jours après, usés et dépopularisés par cet effort.

Sans se laisser aller à un vain optimisme, les partisans de « l'autonomie communale » peuvent donc espérer que d'ici à quelques années, ils auront obtenu la plupart des satisfactions qu'ils réclament. Au point de vue de la sécurité intérieure, de l'impôt, de l'assistance, de l'enseignement, etc., Paris deviendra un champ d'expériences qui servira de modèle au reste de la France. S'il veut le gouverner et le dominer, c'est par l'exemple et la persuasion, non autrement. Alors, en France, la plus belle position pour un homme progressiste, ayant hâte de donner un corps à ses idées et de les faire entrer dans la pratique, sera celle de conseiller municipal de Paris.

DEUXIÈME PARTIE

ORGANISATION MUNICIPALE DE LONDRES

I

LA MÉTROPOLE

« Londres est une province couverte de maisons ; » telle est la définition un peu orgueilleuse mais exacte, que les Anglais ont coutume d'en donner.

La surface déterminée par le *Metropolis management Act* de 1855 est de 75,490 acres soit 30,196 hectares, tandis que Paris n'occupe que 7,200 hectares. D'après le recensement de 1881, elle contient 489,000 maisons tandis que Paris n'en compte que 80,000. Elle a une population de 3,832,000 habitants, soit un million et demi de plus que Paris, et un revenu imposable net de 27,847,000 £ (696,000,000 fr.).

Cette surface est plus petite que celle du district de la police dont le rayon est de 15 milles autour de Charing-Cross et qui ne comprend pas moins de 4,764,000 habitants. La population de la Métropole proprement dite a augmenté de 36 p. 100 de 1861 à 1871 et, dans la zone extérieure du district de la police de 126 p. 100. C'est à la portion du territoire de Londres déterminée par la loi de 1855 que s'appliquent les projets de réforme municipale. La Cité, qui en est le noyau, n'occupe que 640 acres soit 256 hectares.

Les capitales ont, à la fois, fait l'orgueil et la crainte des souverains. Elisabeth avoua que la crainte l'emportait. « Une multitude étant trop grande pour servir Dieu et obéir à sa majesté, » elle défendit par son édit de 1,602, sous des pénalités sévères, toute construction à moins de trois milles autour de Londres et de Westminster et enjoignit de détruire dans ce rayon tout hangar et toute bâtisse en voie de construction. Un édit de 1691 renouvela encore une défense analogue.

Nous sourions en rappelant ces précautions qui ont tous les titres à être nommées inutiles : et cependant la politique des gouvernements modernes de l'Angleterre n'a pas beaucoup différé. Ils ont, sans cesse, attaqué les privilèges de la vieille Cité de Londres et ont, en même temps, laissé le reste de Londres séparé en 38 vestries, sans lien entre elles. Ce morcellement de la vie municipale leur paraissait une garantie de sécurité. Ils préféraient cet éparpillement à l'agglomération d'une population qui représente près du huitième du peuple anglais.

Dans la discussion du *bill* de Benjamin Hall, en 1855, on objecta que le *Board of works* pourrait se livrer à des discussions politiques, plutôt que de s'occuper des égouts, et menacer l'autorité du parlement impérial.

Les *vestrymen*, administrateurs de la *vestry*, sont élus pour trois ans. Leur nombre pour les trente-huit corps agrégés atteint le chiffre de 3,000. La surface d'une vestry varie de 162 acres (1), comme celles de Saint-James, de Westminster à 11,488 comme celle de Wandsworth. La longueur des rues varie de huit milles comme dans Saint-Martin's-in-the-Fields à plus de 100 comme dans Wandsworth.

De cet éparpillement résultent les plus grandes difficultés pour le service des eaux, l'éclairage, l'entretien et la propreté des rues. La dépense de la voirie varie suivant les districts de 364 £. par mille à 1,200 £, sans qu'aucun motif justifie cette différence. Parmi les trente-huit vestries, il y a dix-huit prix différents pour le bec de gaz, variant de 3 £ 10 sh. à 5 £. Chaque vestry les augmente ou les diminue, selon sa convenance. Les unes accumulent et les autres s'appauvrissent.

D'après M. Firth, (1) pas un sur cent habitants de chaque vestry ne connaît la date de l'élection, ni ses résultats, ni le nom des *vestrymen*, ni leurs fonctions, ni la manière dont ils les remplissent. Les bureaux de contrôle ne fonctionnent pas ou fonctionnent mal. En 1880, un important district de Londres s'en était passé complètement. Certaines vestries publient d'importants et détaillés rapports, d'autres n'en publient pas du tout.

(1) L'acre vaut 40 ares.

(2) London government. *Local government*, *Cobden club* p. 207.

II

LE METROPOLITAN BOARD OF WORKS

Cependant le *Metropolis Local management Act* de 1855 a mis un ordre relatif dans ce que sir Benjamin Hall appelait « le plus extraordinaire état d'administration locale qui ait jamais existé dans un pays ». Il y avait des parties de la ville qui n'avaient même pas d'administration du tout. On pouvait compter jusqu'à 300 corps différents et 250 *acts* du parlement n'avaient ajouté qu'au désordre.

L'*Act* de 1855 constitua le *Metropolitan board*, le bureau métropolitain — en autorité centrale chargée spécialement des travaux relatifs aux eaux et égouts et détermina les vestries et les districts qui existent actuellement, les districts étant des associations de deux ou plusieurs vestries dans un but administratif.

Le *Metropolitan board* est composé de 45 membres, plus un président payé. Ils sont élus pour trois ans, un tiers renouvelable chaque année. Il n'y a ni égalité, ni unité dans le système de représentation du *board*. Le district d'Holborn qui comprend 167 acres y nomme un représentant comme Wandsworth. Le Conseil municipal de la Cité y envoie trois membres et les six plus grandes vestries y en envoient deux. Dix-sept autres membres représentent chacun un district et les treize autres sont nommés par les *district boards*.

La principale fonction du *Metropolitan board of works* est l'aménagement et la surveillance des égouts, qui, avant 1855, étaient régis par les commissaires des égouts de la Cité et les commissaires métropolitains des égouts. Au moment où le *Metropolitan board* entra en fonctions, les égouts tombaient dans la Tamise à Londres même. Trois ans après, commença l'exécution du réseau actuel qui emporte les matières à évacuer à Barking et à Crossness. Ces travaux avaient coûté à la fin de décembre 1880, 5,625,000 £ (plus de 140 millions de francs). La construction des petits égouts et des branchements n'est pas comprise dans cette somme; elle est supportée par les vestries et les *district boards*. D'après une enquête faite récemment à propos de la fièvre typhoïde, il a été constaté que 6 p. 100 des maisons, y compris de grandes maisons de l'Ouest, n'étaient pas encore rattachées aux égouts et envoyaient tout simplement leurs matières dans le sous-sol (1).

Le *Metropolitan board of works* a encore dans ses attributions l'endiguement, les inondations de la Tamise et la plupart des ponts. Il a construit, d'accord avec la Cité, les nouveaux quais dont Londres est si fier. Ils ont coûté 4,388,000 £ (102 millions de francs). Un projet de digues d'une longueur de 41 milles est actuellement en cours d'exécution. Il a racheté les ponts à péage de la Tamise. Ils sont tous libres depuis 1880.

Il a fait aussi de grands travaux de voirie, comme Garrick-street, Queen-Victoria-street, Northumberland-avenue, etc., pour lesquels il n'a pas dépensé

(1) Firth, p. 183.

moins de 6,716,000 £ (168 millions de francs).

D'après divers actes du parlement, il est autorisé aussi à aménager des parcs, à acquérir des jardins et des places. Le prix total des propriétés de ce genre qu'il a actuellement sous son administration a été d'un demi-million de livres sterlings. Elles couvrent une surface de 1,676 acres. La somme destinée à ce service a été obtenue par une taxe prélevée sur l'ensemble de la Métropole.

Depuis 1866, le *Metropolitan board* a été chargé du service des incendies qui ne comprend, pour une population de 3,800,000 habitants, que 485 hommes, 52 stations fixes, 5 stations mobiles, 4 stations flottantes, 170 milles de fils télégraphiques, 6 circuits d'avertisseurs, 38 pompes à vapeur, 3 pompes à vapeur sur bateau, 110 pompes à bras. Paris a 1,500 pompiers. Une enquête faite en 1877 conclut que les services des incendies, des eaux et de la police devraient être placés sous la même autorité.

Il y a eu, en 1880, 1,871 incendies à Londres dont 262 sérieux : 33 personnes ont péri dans les flammes. Le Trésor contribue pour 10,000 £ (250,000 fr.) à l'entretien des pompiers, et chaque compagnie d'assurances pour 35 £ par 1,000,000 £ assurés. En 1880, cette dernière contribution monta à 21.464 £ (soit 536,000 francs) : le reste des 88,980 £ (2,220,000 francs) que coûte la brigade est payé par une taxe prélevée sur l'ensemble de la Métropole.

Le *Metropolitan board of works* a été chargé par plusieurs actes du parlement de surveiller la construction des maisons, au point de vue de l'alignement, de la solidité et de la salubrité. L'acte de 1875 sur les habitations ouvrières lui a été confié avec une mission analogue à celle de notre commission des logements insalubres, mais avec cette différence qu'il opérait lui-même les réparations jugées utiles. En 1880, la différence entre les sommes qu'il avait dépensées et qu'il avait perçues pour cet usage étant de 700,000 livres sterling, il s'est arrêté devant ce chiffre et le parlement a été saisi de la question. La loi sur les expropriations de 1877 a montré une prévoyance qui n'existe point dans notre France, si imbue cependant de l'esprit protecteur. Notre loi donne des indemnités au propriétaire, au locataire à bail, et jette le petit locataire sur la rue. La loi anglaise oblige d'assurer un logement suffisant pour les artisans dépossédés quand leur nombre excède 15. Le *Board of works* a, en vain, demandé l'abrogation de cette disposition, alléguant qu'elle retardait l'exécution de beaucoup de travaux.

Depuis 1878, aucun théâtre ne peut être ouvert qu'après l'autorisation du *Board*. Les divers services dont nous venons de parler sont exercés par des agents, placés sous la direction de l'architecte du *Metropolitan board*.

Maintenant les vestries doivent lui soumettre les nouveaux noms de rues ou leur changement. Il a même supprimé de sa propre initiative, en 1880, 421 noms de rues. Il est chargé aussi du numérotage des maisons. Quiconque est allé à Londres sait qu'il aura fort à faire pour arriver à une unification. Le même nom de rue se répète trente fois ; dans la même rue, les numéros descendent d'un côté et montent de l'autre.

Il surveille encore les boucheries, triperies, la fabrication, la circulation et la vente dans la Métropole des substances explosives, du pétrole, les laiteries; il applique les lois sur les maladies des animaux ; il surveille les nourriceries d'enfants.

En 1856, quand le *Metropolitan board* fut constitué, le revenu imposable de la Métropole était de 11,300,000 £ (280 millions de francs). En 25 ans, il s'est élevé au chiffre de 27,847,000 £ (696 millions de francs). Ses principales ressources consistent en emprunts, en taxes, et dans les droits sur les vins et la houille. Il a encore des ressources provenant de la vente de vieux matériaux, de l'intérêt des sommes prêtées aux autres corporations locales de Londres, de rentes, d'héritages. Ses ressources consolidées dans des prêts ou des propriétés se montaient à la fin de 1880 à 18.250.000 £ (450 millions de francs).

Le revenu total du *Metropolitan board* a été, en 1880, de 3,158,000 £. (78,900,000 fr.) et sa dépense 3,841,000 £. (96 millions de francs), sur lesquels il faut compter 436.000 £. avancées simplement comme prêts.

Le *Metropolitan board of works* a fait beaucoup de choses; il a mis une unité dans les travaux qui ne peuvent se faire que sur des plans d'ensemble : mais tout le monde, en voyant la manière dont il est élu, les ressources dont il dispose, les attributions qui lui ont été successivement données par 98 actes du parlement, est frappé de la contradiction qui existe entre une si grande situation, et le petit nombre de ses membres, leur mode de nomination. Il ne sont point rattachés à la population; la majorité des habitants de Londres n'a aucune influence sur leur élection ; aussi l'opinion publique reste-t-elle étrangère à leurs actes, en réalité, dépourvus de tout contrôle. Un membre du *Board of works*, une fois élu, y reste à perpétuité. Les énormes intérêts de près de quatre millions d'êtres humains sont à la disposition de quarante-cinq hommes, dont les lourdes fonctions sont gratuites, ne pouvant être recrutés par conséquent que parmi des gens riches, et, par la force des choses, affranchis de toute responsabilité.

III

AUTRES ORGANISMES

Cependant le *Board of works* n'absorbe pas tout, et en dehors, au-dessous, comme des parasites, on voit partout, dans les vestries, des comités séparés pour les égouts, l'eau, le gaz, la police, l'éducation, l'assistance publique, les travaux publics, le domaine public, les travaux publics, les incendies, la fixation de l'assiette de l'impôt, le travail légal et parlementaire, le contrôle, et autres services spéciaux.

Quoiqu'un acte de 1852 ait réglé les enterrements et l'établissement des cimetières à Londres vingt-sept *Burial boards*, conseils des inhumations, se trouvent dans la Métropole. Dans la Cité, les commissaires des égouts sont également chargés des enterrements et des cimetières.

L'Elementary education school de 1870 a fait de Londres un seul district scolaire, séparé en dix sections pour les élections du *Board of school*, qui a presque pleins pouvoirs sur l'éducation.

En 1864-65, les lois connues sous le nom de *Houseless poor acts* (*acts* pour les pauvres sans domicile) et en 1867 le *Metropolitan poor act* ont divisé Londres en cinq districts et trente paroisses. Le nombre des pauvres est en général en raison inverse de la valeur imposable. Les guardians (les gardiens) sont élus, l'unité électorale étant 50 £ de valeur imposable, de sorte que le même électeur peut avoir cinq ou six voix et même plus.

Depuis 1867, un fonds commun a été constitué pour les fous sans ressources, pour les personnes atteintes de maladies contagieuses ou infectieuses, pour le payement des médecins chargés de la vaccination, pour le soulagement des pauvres accidentels, et d'une grande partie des pauvres, vivant dans la Métropole; ce fonds est prélevé sur l'ensemble de la valeur imposable de la Métropole et donne 42,3 pour 100 des revenus de l'assistance. En 1880, les plus riches districts de Londres ont aidé les plus pauvres de la somme de 171,000 £ (4,260,000 fr.), le total étant de 769,648 £ (19,940,000 francs.). La taxe totale des pauvres se monte à 1,818,000 £ (45,400,000 fr.), soit 10 sh. (12,50) par tête, et équivaut à 1 s. 5 $\frac{3}{4}$ d. par livre de valeur imposable. C'est le plus bas taux qu'il y ait eu depuis 1870. Relativement au chiffre des pauvres de Londres, il n'est pas inutile de rappeler qu'en 1815, il était de 105,000; qu'en 1880 il n'était plus que de 98,000 ou 27 pour 1,000 habitants. C'est là un argument décisif contre les personnes qui prétendent que l'industrialisme a pour corollaire forcé le paupérisme, comme si celui-ci devait précisément élire domicile là où il y a abondance de capital et disparaître là où il n'y a de richesse pour personne!

Il faut encore ajouter à l'organisation de l'administration des pauvres, un *Metropolitan asylums board*, créé par l'*act* de 1867, composé de soixante membres, quinze nommés par le *local government board*, c'est-à-dire par la division du pouvoir central, chargés de surveiller l'administration des comtés et des paroisses et quarante-cinq élus par les unions et les paroisses. Il a dépensé, en 1880, 373,000 £.

Les clercs de paroisse tiennent les registres de l'état civil. Ce service est partagé en cinq principales divisions et vingt-huit districts d'enregistrement. Il est payé sur la taxe des pauvres.

La police métropolitaine est double : l'une ne relève que du pouvoir central, quoique payée par la population. Là se trouvent 10,000 hommes qui ne dépendent ni du pouvoir municipal, ni du parlement, mais simplement du ministre de l'intérieur. C'est le même système, avec des inconvénients moindres, toutefois, qu'à Paris, car il n'y a à Londres ni police politique, ni préfet de police.

Mais dans la Cité, il en est autrement. Là, la police n'est que municipale et indépendante du *home secretary* (le ministère de l'intérieur), malgré tous les efforts qu'il a faits depuis quarante-cinq ans pour l'absorber.

La police de la Cité coûte 100,600 £ (2,525,000 fr.), la police métropolitaine 1,176,000 £ (28,400,000 francs). Dans le projet de réorganisation, son district serait réduit à celui de la municipalité.

Le *Haut shériff* de *Middlesex* qui peut être regardé comme le principal représentant civil de la couronne est élu en même temps comme *shériff* de la Cité par les *lyverimen* des *guilds* de la Cité, au *Guildhall*.

De 1831 à 1879, il n'y a pas eu moins de huit *acts* du parlement pour régler la question des *hackney carriages* (les cabs). Nulle part n'existe, reconnaissent les Anglais, un corps de lois plus impraticables et plus arbitraires.

Londres est arrosé par deux rivières : la Tamise et la Lea : chaque rivière a son *Conservancy board*. Il faut y ajouter les commissaires des *Rivers pollutions*.

Huit compagnies d'eaux alimentent Londres, sur lesquelles cinq fournissent tout simplement de l'eau de la Tamise, dont la moitié 71,000,000 de gallons (1) sur 142 millions, chiffre total, est polluée par des matières d'égout. En 1880, il n'y avait, en réalité, que 9,000,000 de gallons qui fussent de bonne qualité. En mars, le ministre de l'intérieur, proposa sans consulter les intéressés, de racheter toutes les compagnies, avec un énorme bénéfice pour elles. Cette situation était si choquante que le comité de la Chambre des communes chargé d'examiner cette question, demanda qu'on créât une *water autority*, une autorité de l'eau. On n'a pu parvenir à la constituer et les choses sont restées en l'état.

De 1810 jusqu'en 1860, les compagnies du gaz se faisaient concurrence entre elles. Certaines rues étaient occupées par quatres conduites différentes, mais les compagnies rivales s'entendaient toujours pour augmenter les prix, jamais pour les baisser. L'acte de 1860 sépara la ville en districts pour le gaz. La Cité, en 1866, prit énergiquement la défense des consommateurs contre le *Board of works* qui, au contraire, soutenait les compagnies du gaz. Enfin l'acte de 1875 a réglé le prix du gaz de la manière suivante : le dividende initial est fixé à 10 p. 100 et le prix initial à 3 sh. 6 d. dans une compagnie et 3 sh. 9 d. dans les deux autres, les 1,000 pieds cubes (28^{mc},372); chaque augmentation d'un penny dans le prix au-

(1) Un gallon = 4 ^{litres} 541.

dessus du prix initial doit être accompagnée d'une réduction d'un quart pour cent dans le dividende, et chaque réduction d'un penny dans le prix d'une augmentation d'un quart pour cent dans le dividende. Le résultat a été très avantageux pour le consommateur. La *Gas light and coke company* qui, en 1881, a fabriqué plus de 350 millions de mètres cubes, a de 1876 à 1882, diminué 7 pence et gagné 7 quarts p. 100. (1)

(1) Voir Cochin, *Rapport sur l'abaissement du prix du gaz*. 1882.

IV

LA CITÉ

A Londres, il n'y a qu'une seule vraie municipalité : c'est la corporation de la Cité.

Si on ne consultait que les chiffres de la statistique sans examiner leurs dessous, on serait stupéfait en voyant les résultats suivants :

Population et Maisons de la Cité.

1801	16,503 maisons	128,833 habitants
1861	15,298 —	112,063 —
1871	7,000 —	74,732 —
1881	6,493 —	50,526 —

On serait tenté de dire : — Voilà une ville en pleine décadence! et il s'agit de la portion de la terre la plus animée, la plus active, celle où il se fait le plus d'affaires dans le moins de temps.

Mais la surprise tombe quand on apprend que ce recensement est celui de la nuit, à l'heure où il ne reste que des gardiens et des concierges, et que le recensement de jour donne 261,000 habitants, dont la plupart ont leurs bureaux dans la Cité et leur habitation dans le West-End. D'après un relevé fait par ordre du *Common council*, le chiffre de la population traversant la Cité dans une journée, s'élève à 800,000 personnes.

Nous autres Français, nous nous faisons à peu près l'idée suivante de l'organisation municipale de la Cité :—« Le Lord-maire est un personnage très riche, puisque, s'il reçoit un traitement de 10,000 £., soit 250,000 francs, auquel on a ajouté 6,000 £., soit 150,000 francs en 1880, il dépense de sa poche environ 250,000 francs. Il donne des banquets magnifiques à Mansion House et au Guildhall, dans lesquels il peut étaler pour 40,000 £., soit un million de francs d'argenterie. Il a une robe de velours et des massiers. C'est une vieillerie, une antiquité humaine, un vieux bibelot qu'il serait très curieux d'avoir dans une collection ou un musée, s'il se laissait faire ! » — Mais il ne se laisse pas faire.

Au nom des 120 chartes qui, de Guillaume-le-Conquérant jusqu'à Georges II, ont institué les privilèges et les libertés de la Cité, se présentant comme leur gardien, il a résisté à toutes les tentatives faites contre son autonomie en 1833, 1837, 1853, 1856, 1858, 1859, 1860, 1863, 1866, 1867, 1870, 1875.

Il invoque la tradition des siècles et il rappelle que la Cité possédait son autonomie avant que la nation ne possédât un parlement. Tandis qu'habituellement c'est le despotisme qui use de l'argument du temps, ici, c'est la liberté !

Le corps électoral de la Cité se compose d'abord de 76 *livery companies*, *guilds*, ou corps de métiers, qui comptent 7,000 membres. Ces corporations, analogues à celles qui ont existé en France jusqu'à la Révolution, ont eu leur plein épanouissement sous Édouard III. Comprenant les petits et grands marchands, les compagnons et les apprentis, elles faisaient de chaque industrie et de chaque genre de commerce leur apanage. Maintenant elles ne sont plus que nominales. Les fils n'ont pas tous suivi la profession de leurs pères. Des étrangers à la Cité se sont fait incorporer, moyennant argent, dans telle ou telle *guild*, sans s'inquiéter si son titre correspondait avec le métier qu'ils exercent réellement. Un clergyman, demeurant dans le comté d'Essex, peut avoir son fils, vivant dans le Yorkshire, comme apprenti à Londres, sans que celui-ci ait jamais vu son pseudo-maître. Au bout de sept ans, il peut être reçu maître, sans avoir la plus légère notion du métier dont il porte le titre. De là les confusions les plus divertissantes : un tapissier vend des cercueils et un quincaillier des tombeaux. Chacune des *guilds* a des revenus ; quelques-unes ont des propriétés de mainmorte considérables.

En dehors, sont les *freemen-householders*, hommes libres occupant une maison dans un des arrondissements de la Cité. Ceux-ci sont au nombre de 20,000.

Chaque année, le 29 septembre, les soixante-seize *livery companies*, réunies au Guildhall, présentent deux noms à la cour des *aldermen*, parmi lesquels est fait le choix du Lord-maire pour l'année suivante. C'est le plus âgé, en général, qui est choisi.

Les *aldermen*, au nombre de 26, sont élus à vie par les *freemen*. Quelques-uns ne comptent pas plus de 163, de 121 voix.

Les 206 *common councillers* sont élus, chaque année, dans une assemblée de leur *ward* (arrondissement) présidé par un *alderman*. Le *common council*, réunissant les *aldermen* et les *common councillers*, compte 232 membres.

Le Lord-maire, non seulement représente l'administration de la Cité, mais il préside la cour du Lord-maire, tribunal civil contre les jugements duquel on ne peut faire appel qu'à la chambre des Lords. Il a, pour le seconder, dans cet office, le *Recorder*, magistrat élu à vie par les *aldermen*, dont les appointements sont de 3,000 £. (75,000 francs). Le Lord-maire est encore le principal magistrat de la *Mansion-House police court*. Il siège avec les *aldermen* et le *recorder* aux assises de Londres qui ont lieu huit fois par an. Il fait partie du conseil privé de la Couronne. Il est le président des conservateurs de la Tamise. Il est le chef de la police de la Cité.

Les *aldermen* sont juges de paix, contrôleurs du trésor de la Cité. Ils sont chargés de l'admission des courtiers et des règlements des *livery companies*, occupation qui, actuellement, n'a plus sa raison d'être.

Les *common councillers* administrent les affaires de la Cité. L'*Act* de 1866 a étendu leur pouvoir sur la Tamise et le port de Londres.

Le *Remembrancer* est chargé de surveiller les actes du parlement, de manière à empêcher qu'aucun ne vienne porter atteinte aux droits de la Cité.

Le *Chamberlain* de la Cité en est le trésorier. Il a un traitement fixe de 2,500 £. (62,000 francs), et il a reçu en 1880 une somme égale à titre de gratification.

Une partie des revenus de la Cité proviennent de ses propriétés, des droits sur les marchés, sur la houille et les vins, des redevances des écoles, des taxes de police, des taxes d'arrondissement. Le revenu et les dépenses se sont élevés, en 1880, à 2,350,000 £. (60 millions de francs). Elle a une dette de 5,274,000 £. (132 millions de francs), pour lesquels elle paie 4 et 3 1/2 pour 100.

Sans doute, cette organisation des *livery companies* ne correspond plus à aucun besoin, ni à aucune réalité. Mais si on raille ces vieilleries, le Chamberlain de la Cité, mon vénérable ami, Benjamin Scott, riposte :

— Ces vieilleries ont été bien souvent modernes : elles sont même, sous beaucoup de rapports, très en avant des institutions admirées par ceux qui les raillent. Depuis des siècles, la corporation de la Cité élit tous les ans, non seulement les membres de son conseil, mais ses fonctionnaires. Les membres de la Chambre des communes, au contraire, n'ont de compte obligatoire à rendre à leurs électeurs que tous les sept ans.

« Depuis 1784, la corporation de Londres publie, chaque année, un compte détaillé de ses recettes et de ses dépenses. Le gouvernement n'a pas encore publié un compte semblable pour l'ensemble de la nation.

« La corporation de Londres nomme un conseil de vérification de comptes (*audit of the moneys*) qui contrôle l'exécutif et en est absolument indépendant.

« Aucune personne, ayant des intérêts engagés avec la Cité, ne peut faire partie du *common council* ni remplir aucune fonction, tandis que 170 membres de la Chambre des Communes, au moins, sur 650 ont intérêt dans les dépenses qu'elle pourra voter.

« Voilà certes des « vieilleries » qui, pour dater de plusieurs siècles, ne sont pas précisément en retard sur les institutions nationales de l'Angleterre, à plus forte raison de la plupart des autres pays. »

Et victorieusement, le *Chamberlain* invoque à l'appui du bon fonctionnement des institutions de la Cité, sa situation financière, en la mettant en parallèle avec celle de l'État.

Tandis que la Chambre des communes, depuis la réforme de 1831, a porté les dépenses annuelles de 45 à 85 millions de liv. st., la corporation de la Cité a réduit les siennes pendant la même période et a construit les quais de la Tamise, le viaduc d'Holborn, ouvert la nouvelle Cannon-street, a affranchi la forêt d'Epping, acheté le West-Ham Park pour les travailleurs de l'Est et Burnam Beeches pour ceux de l'Ouest, établi des marchés aux bestiaux à Flington et à Deptford, les trois marchés centraux à Smithfield, a reconstruit les marchés de Billingsgate et Leadenhall, l'école de la Cité de Londres.

Il est évident que c'est là un argument de fait auquel il est difficile de répondre. M. Firth, du reste, reconnaît que les comptes de la Cité sont beaucoup plus clairs que ceux du *Board of works*.

La Cité a préparé la plupart des réformes : elle a supprimé la vénalité des offices quand la Chambre des communes n'y pensait pas; en donnant libre accès aux juifs, aux catholiques romains, aux non-conformistes, elle a préparé le Parlement à leur ouvrir ses portes; les séances des *aldermen et du common council* étaient publiques, livrées à la presse, quand le Parlement se renfermait dans le mystère : et ce furent deux *aldermen* de Londres qui, risquant l'amende et la prison, forcèrent les portes du Parlement, firent admettre les reporters à ses débats et placèrent ainsi face à face les représentants et les représentés. Tandis qu'à propos du serment de Bradlaugh, le Parlement est encore dans l'embarras, depuis longtemps, la corporation a remplacé cette formalité par une simple déclaration.

A ceux qui traitent d'utopistes, les autonomistes de Paris, nous répondrons par l'exemple de la Cité : elle a sa police; elle a des attributions complètes en matière municipale; le Lord-maire, les aldermen, le recorder, ont un pouvoir judiciaire considérable, des attributions que nous ne réclamons même pas. Qu'en est-il résulté? Elle a été le boulevard de la liberté anglaise contre les empiétements des rois, et formant le groupe le plus intelligent et le plus actif de la nation, elle a réalisé des réformes que celle-ci attend encore en partie, et a démontré l'utilité du progrès par son exemple. Ceux qui enveloppent la Cité dans la vieille robe du Lord-maire prouvent tout simplement qu'il ne savent juger que sur l'apparence. Ils haussent dédaigneusement les épaules devant sa perruque et se prennent pour des hommes sérieux : ils sont aussi sérieux que la jeune fille qui adore un militaire pour son uniforme, sans se demander ce que vaut l'homme qui le porte, trop naïve pour savoir que l'habit ne fait pas le moine. Il serait temps cependant de nous habituer à déshabiller les gens.

— Mais pourquoi conserve-t-il cet attirail? me dit un sceptique.

— Il a aussi grand tort que ceux qui ne jugent la Cité de Londres que d'après son costume. Mais est-il le seul qui reste ainsi attaché aux vieux déguisements? Je ne parle pas de l'Angleterre où le Speaker de la Chambre des communes et les avocats portent perruque. Mais en France, pourquoi les avocats continuent-ils à se pavaner dans leur toge, les professeurs dans leur robe, les généraux dans leurs dorures? Je m'arrête, l'énumération serait trop longue.

On comprend qu'ayant de pareilles libertés, des finances prospères, la Cité redoute les transformations qu'on propose à son égard. Elle se voit absorbée dans cette masse de vestries et de districts, et elle craint que la liberté municipale ne sorte amoindrie de cette épreuve. (1)

(1) Voir. *The chartered guilds of London. Westminster review* july 1877. — *Local government and taxation in the united Kingdom*, publication du *Cobden club.* — Firth. M. P. *London government and How to reform it.* — *The city of London*, by alderman Cotton. M. P. *Contemporary review* january 1882. — *Municipal government of London* by the Chamberlain of London. *Contemp. review.* February 1882. — *The government of London* by sir Arthur Hobhouse. March 1882.

V

L'AVENIR DE LONDRES

Chacune des tentatives d'unification de la Métropole a revêtu un caractère différent. Certaines d'entre elles furent empreintes de l'esprit le plus centralisateur.

On a été jusqu'à proposer un ministère parlementaire pour Londres qui présenterait les *municipality bills* dans le Parlement et qui servirait au pouvoir central d'instrument de contrôle.

Dans la session de 1880, MM. J.-F.-B. Firth, Thorold Rogers, Th. Bailey Potter, tous libéraux, ont déposé un bill, actuellement en discussion, tendant à amalgamer la corporation de la Cité de Londres, le *Metropolitan board of works*, la corporation de la cité de Westminster et les divers vestries et bureaux de districts.

Ce bill propose la création d'une nouvelle municipalité, consistant en un Lord-maire, quarante aldermen et deux cents conseillers municipaux. La métropole serait divisée en quarante districts dont chacun enverrait cinq conseillers et un alderman au conseil. Les élections seraient triennales.

Au conseil ainsi constitué seraient transférées les fonctions, pouvoirs et propriétés de la corporation de la Cité, du *Metropolitan board*, des vestries, des conseils de district, et autres corps municipaux.

Le conseil devant être de deux cent quarante membres, si on divise Londres relativement à sa population, la Cité n'a plus que trois membres (1); d'après sa valeur imposable, l'unité étant 116,000 £, la Cité aurait trente membres. On voit qu'elle serait considérablement affaiblie et noyée en quelque sorte dans la nouvelle organisation.

Cependant les partisans d'une organisation municipale de la métropole disent, non sans raison : — On ne peut pas laisser une si grande ville, avec de telles ressources, dans une telle anarchie. La corporation de Londres est un corps organisé, soit; mais en dehors, il n'y a rien que le *Metropolitan board of works*, et ce n'est certes pas lui qu'on peut prendre comme pivot de la nouvelle organisation. Il faut donc que la Cité dépasse ses vieilles limites et se fonde dans la Métropole.

La Cité propose alors un projet dont nous empruntons l'exposé à son *Chamberlain*. La corporation de Londres demanderait l'organisation des dix *parliamentary boroughs*, des dix collèges électoraux qui sont en dehors de la Cité, en municipalités distinctes, qui formeraient une fédération et seraient représentées par une assemblée centrale, agissant au nom de la ville de Londres. Chacune de ces municipalités posséderait son maire, et le Lord-maire resterait président du conseil fédéral.

En dehors de la transformation des *livery companies* qui ne se fera pas sans difficultés, la grosse question qui se pose à Londres, comme à Paris, est celle de la police. Cependant les promoteurs du bill

(1) En ne prenant que le recensement de nuit.

de 1880, ne traitent point cette question avec la désinvolture qu'affectent certains hommes politiques français, quand il s'agit de la préfecture de police de Paris.

M. Firth rappelle que lord John Russell établissait en principe que la police devait être subordonnée à ceux qui sont responsables de la paix dans la ville ; il reconnait que la concentration de la police dans les mains du pouvoir central est la violation de ce principe et l'abandon d'une des garanties les plus importantes de la liberté publique. Aussi dit-il nettement : « Le transfert de la police métropolitaine du ministère de l'intérieur à la nouvelle municipalité doit être stipulé dans l'acte de sa constitution. » (1)

Le 13 octobre 1881, dans un banquet au Guildhall, M. Gladstone délarait qu'il était nécessaire pour le gouvernement de s'occuper de la réorganisation municipale de la Métropole ; mais, en même temps, il prenait l'engagement suivant : « Jamais le parlement ne sanctionnera rien qui puisse dégrader votre grande corporation, affaiblir son action ; loin de là, une nouvelle dignité, une nouvelle énergie, un accroissement de la confiance publique, un rappel de l'œuvre utile et des grands services rendus au pays, seront l'inévitable conséquence des mesures que le Parlement adoptera pour organiser les institutions municipales de Londres. »

(1) P. 228.

CONCLUSION

I

J'ai exposé cette organisation municipale de Londres, parce que Londres étant la plus grande ville du globe, est un champ d'expériences que nous devons étudier avec le plus vif intérêt ; parce que la Cité est en même temps que le point du monde où se fait le plus d'affaires, où se remue le plus de millions, où s'entrecroisent les plus grands intérêts, la municipalité la plus libre de l'Europe.

Mais les centralisateurs français les partisans d'un pouvoir fort, croient avoir trouvé un argument quand ils disent :

— Tandis qu'en France, vous pensez à décentraliser, en Angleterre, où on a fait l'expérience de la décentralisation, on pense à centraliser.

Et alors, ils se posent devant vous, en point d'exclamation, d'un air qui signifie :

— Qu'avez-vous à répondre à cela ?

— Eh ! beaucoup de choses. D'abord, il peut être nécessaire pour un pays de se centraliser quand il peut être encore plus nécessaire à un autre de se décentraliser. Jamais, on ne trouvera de formule fixe pour déterminer exactement le degré de centralisation ou de décentralisation qui puisse convenir également à tous les peuples. Tantôt l'écrou est trop serré; tantôt, pas assez. En mécanique statique, il est possible de trouver la mesure exacte; mais, quand il s'agit non pas seulement de corps en mouvement, mais d'organismes vivants, toujours en état de transformation, la question se complique encore; car, tour à tour, ils se sentent étouffés ou tombent en résolution.

Toutefois (1), je conviens volontiers qu'en général un mouvement centralisateur est une rétrogression vers le type de la civilisation sacerdotale et guerrière; mais on voit que les entreprises de M. Firth contre l'autonomie de la Cité, sont empreintes d'un libéralisme que je souhaiterais à la majorité de nos députés français à l'égard de Paris. Loin de vouloir mettre Londres, dans la main du pouvoir central, il se plaint que le *Metropolitan board of works*, soit trop indépendant des intéressés et n'ait pas de connexion avec les besoins populaires. Loin de redouter que la vie municipale soit trop ardente dans cette immense agglomération de près de 4 millions d'hommes, lui et ses amis se plaignent qu'elle n'existe pas et cherchent à en provoquer l'éclosion. Est-ce qu'ils veulent, par hasard, substituer à un maire élu des préfets nommés par le pouvoir central et irresponsables devant les intéressés?

D'un autre côté, nous venons de voir l'expérience des siècles constatant l'utilité de l'autonomie municipale; nous avons montré cette vieille Cité, que nos

(1) Voir *la Morale* par Yves Guyot.

centralisateurs français appellent si volontiers antiquaille, avoir accompli depuis longtemps un certain nombre de progrès que nous réclamons encore dans notre France démocratique. Nous voyons enfin cette ville libre administrer ses intérêts avec autrement de sagesse, de prévoyance, d'utilité, que le pouvoir central. Ce sont des faits d'autant plus utiles à constater, qu'on les connaît moins en France.

Nos compatriotes centralisateurs auraient donc grand tort d'aller chercher des arguments en Angleterre; car les centralisateurs de l'autre côté du détroit leur paraîtraient d'effrayants décentralisateurs; car la Cité de Londres, avec sa grandeur et son prestige, est la preuve encore vivante et incontestable de la puissance et des bienfaits de l'autonomie communale.

II

Par une singulière coïncidence, précisément au moment où paraissait mon article dans la *Contemporary review*, la *Fornightly review* — qui a cela d'original que, portant un titre qui signifie revue de quinzaine, elle ne paraît que tous les mois, — publiait un article de M. Albert Gigot. On sait que M. Albert Gigot a eu le malheur d'être préfet de police au moment où *le Vieux petit Employé* faisait sa campagne. Ce n'était point un méchant homme. Il eut même des velléités de savoir ce qui se passait dans son administration. Quand il l'apprit au tribunal, par la déposition de ses agents, il resta atterré. Seulement, au lieu de donner énergiquement le coup de balai, il préféra disparaître lui-même. Il a tort de reparaître maintenant, surtout pour dire que les rues et les boulevards sont moins sûrs que sous son administration. Il oublie que les attaques nocturnes qui ont commencé avec violence au lendemain du procès de la *Lanterne*, ont été alors un moyen de police provoqué par la suppression des rondes de nuit, destiné à effrayer le public, et que s'il y en a toujours, c'est de la faute d'une administration dont la moindre préoccupation est la sécurité des Parisiens.

Il constate, du reste, que l'état de choses ne peut pas durer plus longtemps; que la Préfecture de police est démantelée. Seulement, il altère la vérité sciemment ou naïvement quand il prétend que les autonomistes veulent le maintien de cette institution entre leurs mains. Il est peut-être le seul homme qui, ayant eu occasion de s'occuper de cette question, ignore qu'ils veulent sa désagrégation: la police politique au gouvernement, s'il en a besoin d'une; la police judiciaire, au parquet; la police municipale, à la municipalité, étant entendu que celle-ci mettra ses agents à la disposition des commissaires de police qui sont les agents naturels du parquet et des juges d'instruction.

Cependant, M. Gigot, tout en attaquant vivement les projets du Conseil municipal, est bien obligé de reconnaître qu'il n'a pas tort de se plaindre quand, payant 23 millions pour la préfecture de police, il se trouve en face de préfets qui refusent de lui rendre aucun compte. Il ajoute encore qu'il faut une solution rapide; et il ne se dissimule pas qu' « un peu plus tôt, un peu plus tard, la mairie centrale existera. » Il ajoute : « Nous pouvons éviter le nom ; mais nous aurons la chose : la Commune sera faite. »

Je n'examine pas s'il est de bon goût d'étaler un pareil pessimisme dans une revue étrangère et d'essayer de terrifier l'Angleterre en évoquant, à propos de la mairie centrale, le souvenir insurrectionnel et incendiaire de la Commune; mais, à coup sûr, M. Albert Gigot prouve qu'il manque complètement de la première qualité requise pour un préfet de police : le sang-froid.

Mais je retiens son avis : — « La corde est trop tendue. La solution est nécessaire. » C'était ce que je disais dans mon article. Nous sommes d'accord.

Il voit l'avenir en noir : c'est l'histoire de tous les réactionnaires. *O tempora! o mores!* je vois l'avenir éclatant : c'est l'histoire des progressistes.

On annonce que M. Waldeck-Rousseau, croyant, en effet, qu'il faut une solution à la question de la police, l'enlèverait complètement au conseil municipal et la ferait dépendre du ministère de l'intérieur. Il se trompe fort, s'il croit avoir atteint le but. Le conflit actuellement n'existe qu'entre le conseil municipal et le préfet de police; il existera alors entre le conseil municipal et le ministre de l'intérieur : il n'y aura pas un chien écrasé dont il ne sera rendu responsable; et si la Chambre des députés le couvre, un conflit éclatera entre la Chambre des députés et le conseil municipal, comme il a éclaté à propos de M. de Marcère, à propos de M. Andrieux : l'expérience aurait dû apprendre avec quelle rapidité les affaires de police ont usé les ministres. MM. Lepère et Cazot en savent quelque chose.

III

— Cependant le Conseil municipal n'est pas parfait?

— Non. Mais quel est le corps politique parfait?

— Il est ignorant en économie politique.

— Moins que les protectionnistes de la Chambre et du Sénat. Si M. Narcisse Leven croit qu'il est plus avantageux à une société prospère d'émettre des actions que des obligations et s'il se figure qu'en les émettant à 250 fr. aujourd'hui, on peut les vendre 1,500 fr. le lendemain à la Bourse, il ne montre guère plus d'ignorance que M. Hayem et ses cosignataires de l'adresse des négociants; pas plus de légèreté que M. Léon Say qui se trompe d'un milliard dans une addition et que M. Tirard qui perd 100 millions en confectionnant son budget; pas plus de naïveté qu'une trentaine de députés qui additionnent gravement le commerce général et le commerce spécial, se figurant que cela fait deux commerces. Si un autre conseiller s'épouvante, parce qu'une compagnie veut dédoubler ses actions, cela prouve qu'avec des intentions démocratiques, il ne veut laisser ces valeurs qu'entre les mains des gros capitalistes. C'est un résultat qu'il ne prévoyait pas. Mais à la Chambre, on en a vu bien d'autres!

Le terrible Conseil municipal ne pèche point par trop de hardiesse. En matière administrative, la majorité des autonomistes est d'une timidité de vieux rentier. A force de craindre de compromettre l'avenir et d'engager les ressources, ils finiraient par rester immobiles. Il paraît qu'un certain nombre, assez considérable même, de nos concitoyens craignent que le Conseil municipal ne prenne le mors aux dents; ils ont bien tort. C'est son inertie qu'il faut craindre. C'est d'elle dont il doit se préserver : car il aura d'autant plus de puissance pour revendiquer les libertés communales qu'il démontrera mieux sa capacité administrative.

Chacun de ses membres doit prouver qu'il sait assumer des responsabilités. On n'est un homme politique, digne de ce nom, qu'à cette condition.

Au Conseil municipal, dans certaines circonstances, on a vu certains membres plus préoccupés de prendre une attitude que d'étudier la question elle-même. Si ce fait se produit dans toutes les assemblées cette généralité ne doit pas être une excuse pour les conseillers municipaux de Paris. Ils doivent vouloir faire mieux que leurs prédécesseurs ou leurs collègues des diverses assemblées délibérantes, existant en France ou ailleurs.

Comme la plupart de leurs compatriotes, il est vrai que beaucoup de conseillers municipaux parisiens manquent de méthode, tiennent leurs opinions *a priori* pour des réalités : s'ils se trouvent en face d'un contrat, quelquefois ils s'imaginent qu'il leur donne tous les droits, sans se rappeler qu'il est bilatéral; ils prennent des affirmations pour des preuves; des désirs pour choses gagnées; des hypothèses pour des dogmes. Ce sont là de vieux regains de catholicisme qui restent et repoussent souvent dans les cerveaux qui s'en croient le plus affranchis. Quelquefois, ils poussent au Conseil municipal : mais ils sont, à coup sûr, a autrement vivaces et durs dans bon nombre de cerveaux législatifs et sénatoriaux !

Le Conseil municipal a une tendance au socialisme d'État. C'est une maladie française qui est encore beaucoup plus développée à la Chambre des députés. Jusqu'à présent, elle n'a pas produit grand mal, mais il faut en surveiller avec soin le développement pour l'arrêter.

IV

Quelques-uns de mes confrères en économie politique, reprochent au Conseil municipal, de faire trop pour les enfants : telle ne saurait être mon opinion. Jamais les espèces sauvages ne se seraient perpétuées, si elles n'avaient pas entouré de soins les petits, jusqu'au moment où ils sont devenus à même de suffire par eux-mêmes à leur subsistance et à leur sécurité. Malheureusement, il y a des êtres, vivant dans un milieu très civilisé, qui n'ont pas la notion de la conservation de l'espèce : ils jettent des enfants dans la vie avec l'insouciance d'un poisson; ils les trouvent une charge qu'ils tâchent d'alléger autant que possible. La société doit-elle, dans ce cas, dire : — Tant pis ! que ces petits périssent !

Ce serait bien imprudent de tenir ce langage implacable dans cette France où la reproduction se fait déjà si lentement et si difficilement. Attachant un prix à nos enfants d'autant plus grand que nous en avons moins, nous devons compenser la quantité par la qualité.

De petits malheureux, nés de parents alcooliques, prédisposés par des influences héréditaires au vice et au crime, doivent être soumis à une « orthopédie morale », selon l'expression du Dr Thulié, de telle sorte que leurs aptitudes à nuire se transforment en aptitudes utiles. D'autres, jetés sur le pavé, par l'insouciance, la mort, les vices, les crimes peut-être de leurs parents, ne peuvent que se pervertir physiquement et intellectuellement dans la lutte pour l'existence où ils sont engagés, sans être mis en état de la soutenir. L'œuvre des *Enfants moralement abandonnés* a pour but de les recueillir, de les élever, de les arracher à la misère et au vice pour en faire des hommes. On en est à l'ébauche; mais c'est déjà quelque chose d'avoir commencé. Jusqu'à présent, on trouvait beaucoup plus simple de résoudre ces questions par la maison de correction, la prison, le bagne et l'échafaud.

A tous les enfants indistinctement, il faut appliquer cette double formule : d'un côté, ils doivent être protégés comme enfants; d'un autre côté, ils doivent s'accoutumer à la lutte pour l'existence. Tous recevront un minimum d'instruction; si leurs parents ne les donnent pas, s'ils ne les vêtissent pas, s'ils ne les nourrissent pas suffisamment, la collectivité doit se charger de ces soins largement; les plus aptes pourront recevoir l'éducation la plus complète et entrer, dans la vie, avec toutes les chances que peut leur assurer la supériorité intellectuelle, sans qu'ils aient besoin, pour triompher, de compter sur le hasard, la faveur, l'intrigue et les moyens plus ou moins démoralisateurs qui, jusqu'à présent, ont trop souvent été les conditions indispensables du succès.

Telles sont les jeunes générations que le Conseil municipal s'attache à préparer. Le socialisme d'État appliqué à l'éducation est précisément le contraire de la protection. Il représente ce qu'Herbert Spencer appelle la loi de famille : — protection de l'enfance! Elle doit avoir pour conséquence : — la liberté de l'adulte!

V

Je ne puis énumérer ici toutes les tâches que le Conseil municipal a mission de remplir; toutes celles auxquelles il aurait déjà dû se mettre, s'il n'était point enserré par les liens de la centralisation.

Je veux terminer par un coup d'œil sur l'avenir. Chaque fois que je repasse la frontière, en revenant de quelque grande ville étrangère, et que je me retrouve à Paris, je n'ai pas besoin de contempler la colonne pour être fier d'être Français. Un jour, à Liége, après dîner, des dames et des messieurs, de tous les pays civilisés, Suisses, Belges, Anglais, Italiens, Danois, Suédois, Allemands, Américains, etc. causaient des séjours les plus agréables du monde; et tous en revenaient à dire : — Paris!

Montaigne aimait Paris jusque dans ses verrues. Quand nous les voyons à travers les descriptions de cette époque, nous faisons cependant les dégoûtés et nous disons : — Comment! les Parisiens pouvaient-ils vivre dans un pareil cloaque, plein d'ordures, mal pavé, non éclairé la nuit!

Nous sommes très fiers du Paris actuel, et cependant, il est probable que, dans un siècle, nos descendants regarderont avec grande pitié, nos contemporains condamnés à s'essouffler dans de longues courses, à risquer leur vie chaque fois qu'ils traversent la rue de Rivoli ou les boulevards, obligés de porter un parapluie qui ne préserve guère que la tête, quand il n'est pas enlevé par le vent. Ils mépriseront même ces omnibus à trois chevaux qui nous font déjà dédaigner les anciens omnibus à deux chevaux, comme d'infâmes coucous. Partout, il y aura des moyens de locomotion, trottoirs mobiles, qui vous porteront d'un endroit à l'autre, sans que vous bougiez. Les cuisinières téléphoneront à leurs fournisseurs qui leur expédieront par tube pneumatique ou autre les objets demandés. Les marchés n'occuperont plus cette surface immense au centre de Paris, avec le va et vient de la circonférence au centre et le retour à la circonférence. Tous ces frais de circulation et de manutention disparaissant, le rayon d'approvisionnement s'étendant indéfiniment, la vie sera d'un bon marché qui fera du luxe d'aujourd'hui l'ordinaire des plus pauvres. Partout l'eau coulera à profusion, et quiconque n'aura pas pris sa douche chaque matin sera considéré comme un phénomène de malpropreté. Le gaz sera le chauffage universel et chacun aura chez lui une petite force motrice. Il suffira d'ouvrir un robinet pour obtenir du chaud ou du froid à discrétion. On modifiera l'atmosphère de ses appartements, en appelant de l'air des bords de la mer, des forêts de sapin ou des montagnes. Les médecins doseront la quantité d'oxygène nécessaire pour tuer les microbes et on se le procurera par abonnement. En dehors de ces améliorations, il y en a que nous ne pouvons pas plus prévoir que Pascal ne prévoyait le télégraphe électrique et Arago le téléphone.

VI

On voit que nous avons de la besogne devant nous. Au savant, la recherche des nouvelles lois scientifiques; à l'industriel, leur application; aux représentants de Paris, l'obligation d'en faire profiter leurs concitoyens.

Les membres du Conseil municipal doivent se livrer à un sévère examen de conscience. Ont-ils réalisé tous les progrès acquis par la science et l'industrie? A coup sûr, non, quand on voit où en est notre système de vidanges et d'égouts, malgré les améliorations incontestables obtenues depuis quelques années. Londres, Berlin, ont des chemins de fer; nous, nous n'avons que des tramways. Nous ne devons pas perdre un instant pour rattraper le temps perdu. A cette époque de télégraphe électrique, quiconque ne marche pas en avant, se trouve tôt en arrière. On a beaucoup dit à Paris qu'il était superbe et charmant, et c'est vrai; qu'il était la capitale de la civilisation, et sous beaucoup de rapports, c'est vrai. Mais plus solidement est établie la réputation de grandeur, de majesté, de charme de Paris, plus sont lourdes les obligations de ses représentants.

LE
BANQUET DU 19 MARS

Ces pages étaient écrites quand deux maçons, MM. Sauriat et Notte, vinrent m'inviter à une réunion d'ouvriers de leur corporation, convoqués à propos de la crise du bâtiment, pour le dimanche 11 mars. Les anarchistes annonçaient leur manifestation du 9 mars. Je m'empressai d'accepter, quoique j'eusse auparavant un autre engagement. Je considérais comme un devoir d'aller me placer entre les travailleurs véritables et les individus qui prennent le nom d'anarchistes.

Le samedi, M. Eugène Mayer, directeur de la *Lanterne*, fut prévenu que les anarchistes comptaient m'assommer à la réunion. L'information venait d'une source sûre. Il est toujours ridicule de prendre des précautions, qui pourraient devenir inutiles. M. Mayer, avec un sentiment de solidarité qui ne nous a jamais abandonnés réciproquement depuis que nous faisons campagne ensemble — et nous en avons déjà vu de rudes ! — voulut m'accompagner à la réunion. Mon collègue Camille Dreyfus se joignit à lui. J'y trouvai M. Hudelo, président du comité radical du quartier Notre-Dame, bien que, par discrétion, je ne l'eusse pas prévenu.

Voici le compte rendu de la réunion tel qu'il a été publié par la *Lanterne* du 19 mars 1883 :

LA RÉUNION DE LA SALLE RIVOLI

Comme nous l'avions annoncé depuis quelques jours les ouvriers maçons et du bâtiment étaient convoqués pour hier, une heure, salle Rivoli, rue Saint-Antoine.

L'ordre du jour portait : Crise du bâtiment, traitée par Yves Guyot, conseiller municipal, et plusieurs autres orateurs.

A une heure les portes de la salle étaient ouvertes et environ 500 ouvriers du bâtiment entraient tranquillement, payant chacun 30 centimes pour venir en aide aux ouvriers sans travail.

A 1 h. 1/2, le bureau nommé sans difficulté par la réunion, était composé des citoyens :

Sauriat, président.
Rougier, premier assesseur.
Andrieux, second assesseur.
Jarrigeon, secrétaire.

Après un exposé de la question fait par le président, le citoyen *Notte* prend la parole et, développant l'exposé du président, dit qu'on est venu pour étudier sérieusement les questions ouvrières et non pour faire des manifestations.

Discours de M. Yves Guyot

Alors le citoyen *Yves Guyot* monte à la tribune et commence en disant qu'il n'y a que des charlatans qui promettent des panacées universelles, des remèdes qui enlèvent le mal comme avec la main. Les hommes sérieux commencent par étudier sérieusement les causes du mal, pour en faire le diagnostic. C'est cette tâche qu'il va essayer de remplir.

Jamais il n'y a eu plus de constructions que depuis trois ans ; les droits d'octroi sur les matériaux en sont la preuve.

L'année de l'empire où le produit en a été le plus élevé est 1869. Il se monte à 14,000,000 francs.

Les tarifs n'ont pas été augmentés depuis la guerre ; or, les droits perçus se sont montés, en 1879, à 12,370,000 fr. ; en 1880, à 16 millions ; en 1881, à 17,555,000 fr. ; en 1882, à 19,273,000 francs.

Ces chiffres nous indiquent les causes de la crise du bâtiment. Elles sont les mêmes que celles de toutes les crises industrielles. Les entrepreneurs avaient cru qu'en construisant des appartements dont les moins chers étaient de 5,000 francs, ils trouveraient une clientèle inépuisable. Or, s'ils s'étaient donné la peine, au lieu de céder à un engouement irréfléchi, de consulter le cadastre, ils auraient constaté qu'il y avait 625,000 locaux et habitations dont la valeur locative était au-dessous de 1,000 francs et 59,700 dont la valeur locative était au-dessus. Dans ces conditions, il est évident que la clientèle des grands appartements devait vite s'épuiser. Augmentât-elle d'un dixième, d'un cinquième, cela ferait donc 5 à 6,000. Certes, beaucoup d'étrangers, fortune faite, immigrent à Paris, y apportent leurs richesses, — et il faut s'en féliciter, et bien prendre garde de leur faire choisir un autre séjour, — mais il est évident que la grande majorité des 60,000 nouveaux venus qui, entre le recensement de 1876 et le recensement de 1881, ont chaque année augmenté la population de Paris, se trouve parmi ceux qui viennent y chercher un débouché à leur activité. Ce sont donc des locataires pour les petits loyers et non pour les grands.

Qu'est-il arrivé? C'est qu'en même temps que se produisait la crise du bâtiment, se produisait la crise sur les loyers. On avait construit de grands logements au delà des besoins; on avait oublié de répondre au besoin des petits logements.

Voilà les origines de la crise.

Quels sont les remèdes? Il y en a un immédiat, qui est de la compétence du conseil municipal : c'est de voter le projet de convention avec la Banque, qui immédiatement peut ouvrir un grand chantier.

C'est, en attendant que le grand chantier des fortifications soit ouvert — ce qui, je ne le dissimule pas, demandera encore quelque temps — faire des percés sur les terrains vagues qui se trouvent encore dans la zone extérieure, de manière à assurer la façade à ceux qui voudraient bâtir.

Maintenant, c'est à vous, citoyens, d'examiner si vous ne pouvez pas fonder des sociétés entre vous. Au conseil municipal, nous attendons les corporations qui demandent des adjudications. Il n'y a plus contre elles ni l'objection de l'année de patente ni l'objection du cautionnement. Dans l'enquête qui a été faite, tous les ouvriers entendus nous ont répété qu'ils trouveraient des fournitures autant qu'ils en voudraient. C'est donc à vous de vous organiser comme l'ont fait les typographes de l'Imprimerie nouvelle. Mais ce sont là des organisations qui demandent du temps, de l'union, la suppression des jalousies individuelles. Soyez bien convaincus que si vous voulez lutter, il ne faut pas commencer par vous diviser entre vous, que vous n'aurez pas trop de toutes vos forces pour réussir.

Ces paroles sont accueillies par plusieurs salves d'applaudissements.

Entrée des Anarchistes

A ce moment, la salle est envahie, *sans payer*, par une bande d'une centaine de personnes qui se séparent en deux, entourent les chaises et arrivent jusqu'à la tribune. En tête marchent les sieurs Godard, Digeon, membre de la Commune de Narbonne, Mlles d'Erlincourt et Paule Minck, en toilettes élégantes, et un certain nombre d'individus en paletots et chapeaux haute forme.

Le citoyen *Yves Guyot* continue : Je vous ai prévenus que je ne venais point vous apporter une panacée immédiate et universelle; mais, à coup sûr, ils ne vous apportent pas de remède plus immédiat, ceux-là qui parlent de supprimer la propriété individuelle, car ils seraient bien embarrassés de prendre cette mesure du jour au lendemain; ils ont une singulière manière d'encourager à la construction ceux qui demandent un maximum sur les loyers; ils ont une singulière manière d'encourager le travail, de donner confiance à l'industrie, aux capitaux, ceux qui font des manifestations du genre de celle d'avant-hier.

Ces paroles sont tellement applaudies que les nouveaux venus se bornent à garder le silence, sans oser protester.

Provocation à l'émeute

Un anarchiste, le citoyen Kint, succède au citoyen *Yves Guyot* et convie les assistants à se rendre à l'Hôtel de Ville.

— Que faites-vous ici ? Dix mille personnes vous

attendent sur la place pour la manifestation de l'Hôtel de Ville !

Les huées de la réunion le forcent à quitter la tribune.

M. Digeon

Le sieur Digeon prend alors la parole et essaye un rapprochement entre les républicains de 1848 et les manifestants actuels.

— Parlez-nous du bâtiment ! — A la bâtisse ! lui criet-on de tous côtés. Et alors il se perd dans une série de divagations qui excitent à la fois la colère et l'hilarité des assistants.

Enfin un dernier orateur pose au citoyen Yves Guyot deux questions :

— Qu'a fait le Conseil municipal pour l'indemnité de 500,000 francs réclamée par l'entrepreneur de l'Hôtel de Ville ? Que compte faire le Conseil pour les ouvriers ?

Le citoyen *Yves Guyot* répond que, sur son rapport, e Conseil municipal a repoussé la première demande d'indemnité. L'entrepreneur n'en a pas encore introduit une seconde.

Le Boucan anarchiste

Les anarchistes interrompent à ce moment. Le citoyen *Yves Guyot* leur répond :

— Vous avez vu à l'Opéra des chœurs chantant pendant dix minutes : — Partons ! marchons ! et ils ne partent ni ne marchent ! Eh bien ! il y a une demi-heure que vous avez voulu entraîner la réunion à une manifestation sur la place de l'Hôtel de Ville. Pourquoi n'êtes-vous pas encore partis ?...

La salle éclate en rires et en applaudissements.

Les anarchistes répondent par des injures.

— Oui, des injures, répond le citoyen *Yves Guyot*, voilà vos arguments, votre mode de discuter, le dernier mot de vos théories sociales ! Du reste, ne dites-vous pas que la force est le grand remède ? Que venez-vous donc faire dans ces réunions où vous voyez que la grande majorité des citoyens veut discuter sérieusement ? Vous êtes mieux dans votre rôle quand vous obéissez au mot d'ordre de M. Cunéo d'Ornano...

Les Arguments à coups de poing !

A ce moment, l'estrade est envahie par les anarchistes qui, malgré les efforts du bureau, se précipitent sur le citoyen Yves Guyot et le frappent au visage à coups de poing, de canne, de chaise, pendant qu'une aimable demoiselle, vêtue en Théroigne de Méricourt, et s'appelant Mlle Poiret d'Erlincourt, criait : « Coupez-lui la tête et mettez-la au bout d'une pique ». Malgré sa vive résistance il eût infailliblement succombé sous le nombre, sans des citoyens dévoués qui se précipitèrent à son secours.

Grâce à plusieurs personnes, parmi lesquelles les citoyens Redon, 44, rue Saint-Paul, Gardfait, 23, rue des Deux-Ponts, et notre directeur, M. Mayer, ainsi qu'un certain nombre de nos confrères républicains, Yves Guyot est arraché aux mains de ces furieux. Pendant ce temps, le public a spontanément requis la police, et les agents font évacuer la salle en retenant quelques individus que le public indigné leur désigne.

Les amis de M. Yves Guyot l'avaient fait entrer dans un couloir et l'avaient conduit couvert de sang, les vêtements arrachés, chez une brave dame qui lui a donné de l'eau pour se laver. En redescendant, il a trouvé des agents de police qui lui ont demandé s'il voulait rentrer dans la salle pour reconnaître les gens qui l'avaient frappé. M. Yves Guyot a refusé en disant :

— Quant à moi, je refuse de porter aucune plainte.

Il est sorti alors avec MM. Mayer et Hudelo, au milieu des applaudissements de la foule et est monté en voiture.

La foule, en le voyant couvert de sang, manifestait hautement son indignation.

Les agents ont conduit au poste de la mairie du quatrième arrondissement les sieurs Godard et Jamin que le public leur avait signalé comme ayant plus particulièrement frappé le citoyen Yves Guyot. Mlle d'Erlincourt était également arrêtée.

PROTESTATION

Les soussignés, membres du bureau et commissaires organisateurs de la réunion publique des ouvriers maçons et du bâtiment, tenue salle Rivoli, 104, rue Saint-Antoine, aujourd'hui dimanche, 11 mars, protestent énergiquement contre les manœuvres des faux ouvriers manifestants de la place de l'Hôtel-de-Ville, qui ont fait irruption dans la salle, malgré la défense expresse des commissaires, y ont aussitôt, par des cris et des gestes, troublé le calme qui régnait parmi les assistants qui discutaient paisiblement des questions concernant leur métier, ont ensuite pris le bureau d'assaut et frappé sur les membres qui le composaient et, en particulier, sur le citoyen Yves Guyot, qui occupait la tribune en ce moment.

Ont signé :

Notte, Sauriat, Redon, Gaule, Joliton, Pommier, Tixier, Baruet, Andrieux, Rougier, Jarrigeon, secrétaire, Chozette, Nourisseau, Legay et un grand nombre de citoyens.

Tous les signataires sont de véritables ouvriers.

Les Attachés de M. Camescasse

Hier un de nos confrères, appartenant à un journal républicain modéré du soir, se rendait au cabinet de M. Camescasse, pour avoir des nouvelles. Il se trouva en face d'un tout jeune homme, qui lui dit d'un ton gouailleur :

— « Eh bien ! monsieur, Yves Guyot a été *rossé* par ses électeurs, et lui qui nous attaque tant, il a été obligé de faire appel à nos agents.

— Vous vous trompez, monsieur, repartit notre confrère ! J'ai vu la scène ! M. Yves Guyot a été défendu par ses électeurs. Les anarchistes et les radicaux n'ont rien de commun.

— Oh ! en principe, ce sont les électeurs de M. Yves Guyot.

— En principe, vous vous trompez ! Et quant à l'intervention de la police, j'ai *vu* M. Yves Guyot *refuser* le concours de vos agents.

Le jeune attaché resta bouche bée. C'est égal, M. le préfet de police fera bien de dire à ses jeunes attachés de cabinet d'étudier la répartition des partis à Paris, et de se renseigner exactement pour ne pas induire la presse en erreur.

Le lendemain, les médecins constataient que j'avais reçu non seulement des coups de chaise, d'instruments contondants, mais que je portais sur la joue gauche la marque des pointes d'un coup de poing américain qui, mal appliqué, n'avait heureusement que tracé des sillons parallèles dans la chair, et, derrière l'oreille, sur les os du crâne, une coupure faite avec un instrument tranchant. Depuis, on s'est aperçu qu'il fallait y ajouter une fracture à la racine du nez.

Le comité républicain radical du quartier Notre-Dame, que je représente, prit l'iniative d'un banquet qui a eu lieu le 19 mars. En voici le compte rendu d'après la *Lanterne*.

BANQUET OFFERT A YVES GUYOT

Le banquet offert à notre ami Yves Guyot, par le comité républicain radical du quatrième arrondissement, a été une véritable fête démocratique. Environ cinq cents personnes se pressaient dans les grands salons du restaurant Maurice, avenue de Saint-Mandé.

M. Hudelo, président du Comité radical du 4ᵉ arrondissement, présidait, ayant Yves Guyot à sa droite et M. Mayer, directeur de la *Lanterne*, à sa gauche.

On remarquait un grand nombre de conseillers municipaux : MM. Boué, Dreyfus, Curé, Hovelacque, Desmoulins, Sigismond Lacroix, Rousselle, Lyon-Alemand, Fiaux, Michelin, Reygeal.

MM. Jullien et Delattre, députés, toute la rédaction de la *Lanterne*, un certain nombre de nos confrères républicains, des délégués de la Ligue des contribuables, des comités radicaux de province, etc., etc.

Au dessert, M. *Hudelo* lit la lettre suivante de M. Barodet, député du quatrième arrondissement :

Mon Cher Monsieur Hudelo,

Par suite de l'obligation où je suis de me trouver, lundi soir, à une réunion pour la Ligue revisioniste chez Laurent Pichat, il me sera de toute impossibilité d'assister au banquet offert à notre ami Yves Guyot.

Je vous prie de m'excuser et de déclarer que je m'associe hautement aux témoignages de sympathie qui lui seront rendus, ainsi qu'aux sentiments de légitime indignation que soulèvent les inqualifiables voies de fait dont il a été victime.

Agréez, etc.

D. Barodet.

MM. Tony Révillon, de Bouteiller, président du Conseil municipal; Songeon, Amouroux, Paul Dubois, se sont également fait excuser.

Enfin, notre collaborateur Mirès en ce moment à Sainte-Pélagie, a écrit pour s'excuser pour raison majeure.

Les Discours

M. *Hudelo*, avant de donner la parole aux divers orateurs, explique, en peu de mots, que le but principal du banquet est de prouver que les républicains radicaux se séparent des autoritaires et des anarchistes. En même temps, les électeurs du 4e arrondissement ont voulu, ajoute le président, donner à leur mandataire un gage de leur profonde sympathie, à la suite des événements déplorables de la salle Rivoli.

M. *Desmoulins* prend le premier la parole.

C'est en sa qualité de vice-président du conseil municipal, que cet orateur, le premier inscrit, porte un toast à Yves Guyot.

Cette réunion a pour cause la défense de la liberté, et surtout de la plus chère de toutes, celle de la tribune.

Cette dernière doit être respectée entre toutes. Ceux qui y attentent montrent assez qu'ils sont les ennemis intéressés de la liberté.

Yves Guyot, par ses nombreuses campagnes contre la police s'est attiré la haine de celle-ci; il fallait répondre aux agissements policiers ou anarchistes. Cette réponse a été faite, aujourd'hui par l'assemblée que l'orateur remercie.

Après M. Desmoulins, M. *Mayer*, directeur de la *Lanterne*, s'exprime ainsi :

« Au témoignage d'estime et d'approbation dont vous venez d'honorer, si justement, le conseiller municipal, permettez-moi d'ajouter quelque chose.

Je crois, en effet, que notre ami Yves Guyot a rempli deux devoirs, à la fois, qui réunissent en lui deux personnalités distinctes; il a été attaqué dans l'une comme dans l'autre, et les violences dont il a été victime, j'en ai la conviction, s'adressaient pour une bonne part au journaliste en la personne du conseiller municipal. Je le crois d'autant mieux que dans le journal où, réunis par une étroite solidarité, tous nos collaborateurs et moi nous ne faisons qu'un, nous avons ensemble soutenu bien des assauts, subi bien des violences.

Ce n'est pas que nous nous en plaignions. Être journaliste, c'est être militant.

Un journal, c'est une force en campagne bataillant sans relâche pour sa cause et son drapeau.

La *Lanterne*, aux avant-gardes de l'armée républicaine, peut se rendre cette justice qu'elle n'a jamais reculé devant le péril, jamais dévié de sa ligne, jamais incliné son drapeau.

Ce ne sont pourtant pas les blessures qui lui ont manqué. Dès sa naissance, dans sa guerre sans merci contre l'ordre moral, elle a tout de suite éprouvé avec quelle dextérité la magistrature bien pensante dispensait les maximum d'amende et de prison. Si les condamnations se portaient à la boutonnière, comme les croix d'honneur, notre ami Yves Guyot et nous tous ses collaborateurs, nous en aurions une brochette formidable.

Et, permettez-moi de le dire, nous croirions avoir le droit d'en être fier, car c'est la preuve que nous avons livré toujours, que nous livrons encore le bon combat; car, depuis la première heure, nous croyons avoir suivi, sans en dévier jamais, la ligne de conduite que notre conscience nous avait tracée : républicaine, démocratique, libérale.

Libérale, entendez-vous bien. J'insiste, car ce mot résume bien des choses.

Il contient nécessairement la République, car, en dehors de la République, il n'y a pas de liberté possible.

Il contient nécessairement la démocratie, car la justice, qui est l'essence même de la démocratie, ne peut se rencontrer que dans la liberté.

Il sous-entend la paix, la paix au dedans, la paix au dehors, parce que la liberté ne peut subsister au dedans sans le respect des lois, qui est la sécurité publique; au dehors, sans le respect du droit qui règle les rapports des nations entre elles.

Enfin, tout ce qu'il y a de socialisme, vrai, légitime, juste, tient dans ce mot et ne peut trouver sa solution que dans cette chose : la liberté. C'est par la liberté que les rapports du travail et du capital peuvent aboutir à la justice; c'est par la liberté que l'association peut devenir féconde, et mettre aux mains des classes laborieuses la puissance industrielle, la participation au capital et à l'instrument de travail.

Telle est notre foi, telle est notre ligne de conduite :

Toujours en avant pour la liberté.

Honneur à notre ami et collaborateur Yves Guyot, qui a si courageusement défendu notre drapeau ! »

La parole est ensuite donnée à M. Pataud.

Au nom de la *Ligue des contribuables*, M. *Pataud* apporte son témoignage de sympathie pour M. Yves Guyot et exprime sa plus vive indignation pour l'aggression dont il a été victime. Il s'élève avec une vérilable éloquence contre les attaques des journaux qui affectent de confondre avec les manifestations anarchistes l'agitation revisionniste.

L'agitation revisionniste, dit-il, non seulement est légitime, mais est destinée à empêcher les crimes que l'on commet au nom de la République. (*Applaudissements.*)

M. *Delattre* succède à M. Pataud et, avec beaucoup d'à-propos, reprenant le mot de M. Desmoulins, rappelle la fameuse réponse de Thémistocle : « Frappe, mais écoute. » A la salle Rivoli, on frappait, mais on ne voulait pas écouter. Il rappelle que d'après le recensement de 1881, Paris a droit à neuf députés de plus que sa représentation actuelle, et que le IVe arrondissement compte parmi ceux qui n'ont qu'un député quand ils devraient en avoir deux.

M. *Delattre* propose qu'on organise le suffrage universel, et que les députés fassent, par voie de pétionnement, le plébiscite sur la revision. On peut, par ce moyen, réunir 5 millions de signatures; et il n'est pas de gouvernemént qui puisse résister à une telle force. (*Applaudissements.*)

M. *Rousselle*, comme électeur du IVe arrondissement et comme conseiller municipal de Paris, apporte son témoignage de sympathie. Mais il parle surtout au nom du groupe de l'autonomie communale. La liberté communale, dit-il, est la garantie de toutes les autres, et quand elle sera pratiquée dans tout le pays, il n'y aura plus de gouvernement qui puisse méconnaître la volonté de la nation. (*Applaudissements.*)

M. *Casimir Dide* vient lire la lettre suivante :

Nîmes, 17 mars 1883.

Mon Cher Dide,

Les délégués des groupes républicains radicaux de Nîmes ont décidé de vous prier d'assister au banquet offert au citoyen Yves Guyot.

Nous sommes persuadés que vous accepterez cette mission avec plaisir.

Comme nous tous, vous avez connu Yves Guyot en 1868, à l'époque où il vint fonder, à Nîmes, le journal l'*Indépendant du Midi*.

Comme nous, vous savez *que tel* nous l'avons connu à cette époque *tel il est resté*.

Les hommes de conviction et de principe tels que lui sont rares, malheureusement, nous ne le voyons que trop tous les jours.

Travailleur infatigable, esprit droit et juste, caractère énergique, voilà en peu de mots l'ami commun à qui nous vous prions de serrer la main en signe de la vive sympathie que nous avons tous pour lui et que nous demandons aujourd'hui la permission de partager avec les électeurs parisiens, ses amis politiques.

Cordialement à vous,

Dr Cauvy, F. Martin.

M. *Notte*, un des organisateurs de la réunion de la salle Rivoli, explique comment les anarchistes ont envahi la salle.

Le citoyen *Yves Guyot* se lève alors aux acclamations de la salle :

Vous me croirez aisément si je vous dis qu'après le concert d'éloges que je viens d'entendre, j'éprouve un certain embarras à me présenter devant vous. Heureusement que votre sympathie me rassure, et j'en éprouve une reconnaissance que je ne saurais exprimer par des paroles. (*Applaudissements.*)

Permettez-moi donc d'arriver immédiatement à des choses plus sérieuses, car, pour les hommes politiques qui, sans l'afficher, ont adopté la devise de Rousseau : *vitam impendere vero*, sacrifier sa vie à la vérité, l'accident qui m'est arrivé est chose qui peut se présenter à chaque détour du chemin.

Heureusement on ne trouve pas tous les jours des anarchistes qui, parce que vous empêchez leurs manifestations, vous répondent par des arguments variés, allant du coup de poing américain au coup de couteau. (*Mouvement.*) Cela prouve, tout simplement, que ces messieurs comprennent et pratiquent les théories des civilisations primitives, adoptées par M. de Bismarck : « La force prime le droit. » Mais nous, Français, ce n'est pas ainsi que nous pouvons entendre la politique. A ces Rocamboles politiques, nous laissons ces conceptions de bouledogues. (*Applaudissements.*)

Est-ce donc la première fois que je me trouve en face des anarchistes? Avez-vous donc oublié notre campagne de 1881? A cette époque, ce n'était pas avec des coups de ce genre qu'on m'attaquait, mais par des calomnies infâmes, dont vous avez fait justice. (*Applaudissements.*) Vous savez d'où venait ce journal, la *Révolution sociale*, dont les crieurs sollicitaient vainement votre clientèle (*applaudissements*), et dont l'inspirateur et le collaborateur était... Mystère! (*Applaudissements et rires.*)

On est arrivé maintenant à d'autres procédés. Mais a-t-on cru qu'il serait efficace de ne me supprimer qu'à moitié? Il est évident que l'intention était bonne(*on rit*); mais j'ai résisté, et j'ai été très surpris de trouver dans les journaux, et longuement commentée dans le *Times*, l'affirmation que j'avais été plus ou moins assommé par mes électeurs. (*Exclamation.*)

Plusieurs voix dans la salle. — C'est une calomnie!

— Oui, c'est une calomnie; mais il y a des malices auxquelles ne savent pas résister certains adversaires.

Mon cas aussi n'a pas manqué d'égayer un certain nombre de confrères qui ont trouvé fort drôle de faire l'antithèse du *Vieux petit Employé*, de l'adversaire de la préfecture de police, sauvé par les gardiens de la paix ; comme si j'avais jamais confondu le gardien de la paix, veillant à la sécurité des citoyens, de planton par tous les temps, de nuit et de jour, de corvée surtout les jours où le reste de la population s'amuse, avec cette tourbe qui s'agite autour de la préfecture de police, et dont aujourd'hui je porte peut-être les marques; comme si, au contraire, je n'avais pas sans cesse pris sa défense en protestant contre l'abus qu'en faisaient ses chefs en le détournant de sa destination. (*Applaudissements.*)

Je n'aurais donc nulle difficulté à reconnaître que les gardiens de la paix m'auraient délivré des mains des anarchistes, si le fait était exact, mais malheureusement pour l'antithèse, ce n'est pas vrai. Si je n'avais été délivré que par eux, il est probable que je n'aurais pas ce soir le plaisir de trinquer avec vous. (*Rires.*) Ce sont les maçons qui m'ont sauvé, et j'ai contracté envers eux une dette de reconnaissance que je n'oublierai jamais.

On n'a pas manqué aussi de représenter ma situation comme une conséquence de mes principes de liberté et, dans de longues colonnes, de démontrer que désormais je ne saurais les conserver, croyant apparemment qu'il suffirait de quelques horions pour me faire abandonner les convictions de toute ma vie.

Au contraire.

Vous avez lu, dans les *Quatre Vents de l'esprit*, cette magnifique épopée, dans laquelle Victor Hugo représente Henri IV descendant de son piédestal et allant chercher ses descendants, Louis XIII, Louis XIV, Louis XV; pendant que les quatre cavaliers de bronze ébranlent les pavés de la ville silencieuse, les gorgones du Pont-Neuf leur crient les crimes de leur histoire; quand ils arrivent à la place de la Révolution, ils voient avec épouvante la tête de Louis XVI, sous le couperet.

— Qui a fait cela? demandent-ils.

La tête répond :

— C'est vous, ô mes pères ! (*Longs applaudissements.*)

Chaque fois que vous rencontrez dans une civilisation des manifestations de barbarie, qu'elles viennent des gouvernants ou des opprimés, vous pouvez dire : Ce sont les plus avancés en évolution, ceux-là qui s'intitulaient orgueilleusement « les classes dirigeantes », qui en ont la responsabilité, parce qu'ils n'ont su travailler qu'à augmenter les privilèges des puissants et les charges des faibles. (*Applaudissements.*)

Dans une longue et douloureuse enquête à laquelle mes collègues du conseil municipal et moi nous venons de nous livrer sur les prisons, les asiles d'aliénés, les enfants moralement abandonnés, nous avons rencontré partout les dessous barbares que recouvre la surface brillante de notre civilisation, et, comme conséquence, nous avons pu constater comment se préparent les criminels, se fabriquent les récidivistes : par l'ignorance, la misère, la douleur.

Eh ! bien, nous avons un devoir à remplir avant tout ; et j'en parle comme conseiller municipal de Paris.

En 1871, un rapport sur l'instruction publique constatait qu'il y avait sur le pavé de Paris 67,000 enfants pour qui l'école n'était pas ouverte, la place faisant faute ou l'école manquait. Ils y sont aujourd'hui tous ! (*Applaudissements prolongés.*)

Quand des générations tout entières sont restées à la porte de l'école, il n'est pas étonnant qu'il se trouve parmi elles des misérables voués au mal, voués au crime, par la fatalité de leur naissance et de leur éducation, épaves condamnées à disparaître, dans le bagne et dans les prisons. (*Applaudissements.*)

Vous savez comment dans chaque espèce animale, se fait la conservation de l'espèce : c'est en prenant soin des petits. Eh bien, nous, les hommes, nous Français, si fiers de notre civilisation avancée, ous avons à nous demander si nous prenons de nos enfants les mêmes soins que les bêtes sauvages. (*Mouvement.*)

Oui, nous avons à remplir des devoirs trop négligés, et chaque fois que, dans l'état social, une conflagration se produit, nous devons comprendre que ce devoir devient de plus en plus urgent et nécessaire.

Voilà les impressions que m'a laissées l'épisode de dimanche dernier. (*Applaudissements.*)

Il y a derrière nous des séries de préjugés accumulés, des hérédités fatales, des éducations fossilifiées dans notre cerveau; il y a enfin le vieux moule autoritaire qui enserre toute notre organisation sociale. Tout notre effort doit tendre à le briser. (*Applaudissements.*)

Il y a de plus, l'esprit catholique avec son caractère inquisitorial et tout un arsenal de vieilles idées qui font nous excommunier les uns les autres,entre membres du même parti, de la même nation, si bien que soit comme parti, soit comme nation, si nous ne savions pas nous unir et avoir une conception plus large de la vie sociale, nous risquerions de tomber en poussière.

Malheureusement, la plupart, pour ne pas dire tous les gouvernements qui se sont succédé dans notre pays, ont été animés de cet esprit étroit et persécuteur, se sont placés d'un côté, ont placé la nation de l'autre, et ont semblé n'avoir d'autre tâche à accomplir que de prendre des garanties contre les gouvernés.

Nous, nous demandons à en prendre contre les gouvernants. (*Rires.*)

Mais, citoyens, la liberté n'est pas seulement un mot à inscrire sur la façade des monuments, à répéter machinalement comme les dévotes répètent leur *ave;* et j'ai été extrêmement heureux d'entendre les citoyens Pataud et Rousselle parler de la nécessité d'organisation. Oui, ce qu'il s'agit de faire actuellement, notre œuvre, l'œuvre de la République, c'est d'organiser la liberté. C'est cette tâche difficile, vers laquelle nous portent nos aspirations plus ou moins définies, qui crée nos agitations et nos crises.

C'est qu'il est beaucoup plus facile de faire des arrangements d'autorité que de résoudre les questions par la liberté. Il a été beaucoup plus aisé à des gouvernants de déclarer des guerres commerciales et d'établir des tarifs protecteurs que de découvrir la théorie du libre-échange, et, même une fois découverte, de la comprendre. Au point de vue religieux, au point de vue civil, au point de vue de la sécurité intérieure, au point de vue de la sécurité extérieure, au point de vue de l'éducation — et les révoltes d'internats qui viennent de se produire en sont la preuve — nous n'avons pas encore une conception nette de la politique de liberté. (*Mouvement.*)

C'est que cette politique a pour but de substituer aux rapports factices des choses entre elles les rapports naturels. Il suffit de la volonté d'un ou de quelques hommes, de lois, de décrets, d'arrêtés, de réglements, pour établir les premiers : pour connaître les seconds, il faut la longue application, la patience, la persévérante étude, la méthode qu'exige toute science.

Je bois, citoyens, à la science de la liberté !

Le discours d'Yves Guyot s'est terminé au milieu des applaudissements de toute la salle.

La réunion se sépare aux cris de : *Vive la République !*

Nota bene. — Au moment où ces lignes sont mises sous presse (31 mars) les efforts combinés de la police et du parquet ne sont pas encore parvenus à découvrir les aimables farceurs qui avaient tenté de m'assommer devant huit cents personnes à trois heures de l'après-midi. Les auteurs des attaques diurnes jouissent au moins d'une sécurité égale à celle des auteurs des attaques nocturnes.

FIN

PARIS. — IMP. C. MARPON ET E. FLAMMARION, RUE RACINE, 26.

Graphique n° 6 — MOUVEMENT DE LA POPULATION A PARIS DE 1876 A 1881

D'après le travail de M. Durand-Claye

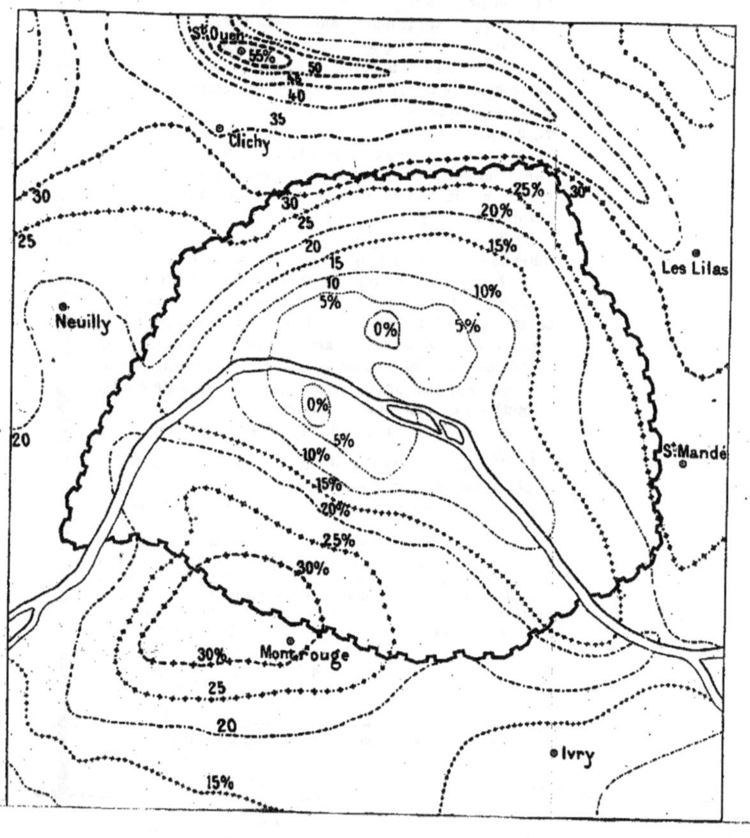

F. HOËFER

L'HOMME DEVANT SES ŒUVRES

AVEC UNE PRÉFACE PAR

CAMILLE FLAMMARION

1 volume in-18. — PRIX. . . . . 3 FR. 50

Charles DARWIN

DE L'ORIGINE DES ESPÈCES

PAR SÉLECTION NATURELLE

OU DES LOIS DE TRANSFORMATION DES ÊTRES ORGANISÉS

TRADUCTION DE

Mme Clémence ROYER

4e ÉDITION, REVUE, AVEC LES ADDITIONS DE L'AUTEUR

1 volume in-18 de 700 pages

PRIX : BROCHÉ, 5 FRANCS. — CARTONNÉ A L'ANGLAISE, 5 FR. 75

E. QUINET

LA CRÉATION

2 volumes in-8°. — PRIX. . . . . . . 10 FRANCS

Patrice LARROQUE

DE L'ESCLAVAGE CHEZ LES NATIONS CHRÉTIENNES

1 volume in-18. — PRIX : 3 FRANCS

DE LA GUERRE & DES ARMÉES PERMANENTES

1 volume in-18. — PRIX : 3 FRANCS

RÉNOVATION RELIGIEUSE

1 volume in-18. — PRIX : 3 FRANCS

EXAMEN CRITIQUE DES DOCTRINES DE LA RELIGION CHRÉTIENNE

2 volumes in-18. — PRIX : 6 FRANCS

HISTOIRE DES PROGRÈS DES SCIENCES NATURELLES

2 volumes in-8°. — Prix : 6 francs

LEÇONS D'ANATOMIE COMPARÉE

3 volumes in-8°. — Prix : 10 francs

Yves GUYOT

ÉTUDES SUR LES DOCTRINES SOCIALES

DU CHRISTIANISME

1 volume in-18. — Prix. . . . . 3 fr. 50

Louis De ROYAUMONT

LA CONQUÊTE DU SOLEIL

Applications scientifiques & industrielles

DE LA CHALEUR SOLAIRE

(HÉLIODYNAMIQUE)

54 figures dans le texte. — 1 volume in-18, illustré. — Prix : 5 francs

---

Œuvres de L. JACOLLIOT

ÉTUDES INDIANISTES

La Bible dans l'Inde. 1 vol. in-8°.	6 fr.
Christna et le Christ. 1 vol. in-8°.	6 fr.
Fétichisme. — Polythéisme. — Monothéisme. 1 vol. in-8° . . .	6 fr.
Les Fils de Dieu. 1 vol. in-8°.	6 fr.
La Genèse de l'Humanité. 1 vol. in-8°.	6 fr.
Histoire des Vierges. vol. in-8°	6 fr.
Les Législateurs religieux : 1re série, Manou. 1 vol. in-8°.	6 fr.
Les Législateurs religieux : 2e série, Moïse. 1 vol. in-8°.	6 fr.
Le Spiritisme dans le Monde. 1 vol. in-8°.	6 fr.
Le Pariah dans l'Humanité. 1 vol. in-8°.	6 fr.
Les Traditions Indo-Asiatiques. 1 vol. in-8°.	6 fr.
Les Traditions Indo-Européennes et Africaines. 1 vol. in-8°. . .	6 fr.
La Femme dans l'Inde. 1 vol. in-8°.	6 fr.
Rois, Nobles et Guerriers dans les Sociétés antiques. 1 vol. in-8°.	6 fr.
La Mythologie de Manou. — L'Olympe brahmanique. 1 vol. in-8°.	6 fr.
La Devadassi (Bayadère), coméd. en 4 parties, trad. du *Tamoul.* In-8°	1 fr.
Voyage sur les rives du Niger, illustré de gravures, par Moullion. 1 vol. in-18.	3 50
Voyage aux Pays mystérieux, illustré de gravures, par Moullion. 1 vol. in-18.	3 50

Envoi FRANCO contre mandat

qu'il a su les embrasser d'un seul coup d'œil; c'est aussi la hauteur de vues avec laquelle il envisage le mouvement historique dont il nous montre l'origine, les vicissitudes, l'essor, l'apogée, le déclin, l'influence sur les périodes ultérieures.

Les portraits — entre autres ceux de Sylla, de Cicéron, de César — sont tracés de main de maître.

On a reproché à Mommsen de s'être montré trop favorable à César, et d'avoir défendu l'absolutisme. C'est une erreur. Il admire César comme un homme de génie, il est vrai; il éprouve une vive joie à le voir triompher de ses ennemis, mais pourquoi? Parce que ses ennemis, à part le seul Caton, lui apparaissent comme des phraseurs sans énergie. . . . .

L'*Histoire romaine* de Mommsen devait sans aucun doute figurer au premier rang dans la collection des *Grands Historiens contemporains étrangers;* en la publiant dans un format commode et à un prix abordable, les éditeurs ont rendu grand service à tous ceux qui s'occupent des études historiques.

GRANDS HISTORIENS CONTEMPORAINS ÉTRANGERS

G. Bancroft. — *Histoire des États-Unis d'Amérique.* Trad. de M. I. Gatti de Gamond. 9 vol. in-8°. . . . . 54 fr.
Dixon. — *La Nouvelle Amérique.* 1 vol. in-8°. . . . . 7 fr. 50
J.-W. Draper. — *Histoire du Développement intellectuel de l'Europe.* Trad. de L. Aubert. 3 vol. in-8°. . . . . 18 fr.
Max Duncker. — *Les Egyptiens.* — *Les Nations sémitiques.* — *Histoire de l'Antiquité.* Nouvelle édition. 1 vol. in-8°. . . . . 6 fr.
G.-G. Gervinus. — *Histoire du XIXe siècle,* depuis les traités de Vienne, avec l'*Introduction* d'après la 4e édition allem. Trad. de J.-F. Minssen. 23 vol. in-8°. . . . . 138 fr.
— *Insurrection de la Grèce.* 2 vol. in-8°. . . . . 12 fr.
R. Gneist. — *La Constitution communale de l'Angleterre,* son histoire, son état actuel ou le *Self-Government.* Trad. de Hippert, 5 vol. in-8°. . . 30 fr.
G. Grote. — *Histoire de la Grèce,* depuis les temps les plus reculés jusqu'à la fin de la génération contemporaine d'Alexandre le Grand. Trad. de A.-L. de Sadous. 19 vol. in-8° (ouvr. cour. par l'*Académie française*). . . 114 fr.
J.-G. Herder. — *Philosophie de l'Histoire de l'Humanité.* Trad. de E. Tandel. 3 vol. in-8°. . . . . 18 fr.
W. Irving. — *Histoire et Légende de la Conquête de Grenade,* précédé d'une Étude sur les ouvrages de Washington Irving. Trad. de Xavier Eyma. 2 vol. in-8°. . . . . 12 fr.
— *Vie de Mahomet.* Trad. de Henri Georges. 1 vol. in-8°. . . . . . . 6 fr.
— *Vie et Voyages de Christophe Colomb.* Trad. de G. Renson. 3 volumes in-8°. . . . . 18 fr.
J.-H. Kirk. — *Histoire de Charles le Téméraire, duc de Bourgogne.* Trad. de Ch. Flor O'Squarr. 3 vol. in-8°. . . . . 18 fr.
C. Merivale. — *Histoire des Romains sous l'Empire.* Trad. de Hennebert. 4 vol. in-8°. . . . . 24 fr.
J.-L. Mottley. — *Histoire des Provinces-Unies des Pays-Bas,* depuis la mort de Guillaume le Taciturne. Trad. de Rordy. 3 vol. in-8° . . . . 18 fr.
Peel (sir Robert). — *Mémoires.* Trad. de E. de Laveleye. 2 vol. in-8°. . . 12 fr.
W.-H. Prescott. — *Histoire du règne de Philippe II.* Trad. de G. Renson et P. Ithier. 5 vol. in-8°. . . . . 30 fr.
— *Histoire du règne de Ferdinand et d'Isabelle.* Trad. de G. Renson. 4 vol. in-8°. . . . . 24 fr.
— *Histoire de la Conquête du Pérou,* précédée d'un Tableau de la Civilisation des Incas. Trad. de H. Poret. 3 vol. in-8°. . . . . 18 fr.
— *Histoire de la Conquête du Mexique,* avec un Tableau de l'ancienne Civilisation mexicaine. Trad. de A. Pichot. 3 vol. in-8°, ornés de cartes et gravures . . . . 18 fr.
— *Essais de Biographie et de Critique; Mélanges historiques et littéraires.* 2 vol. in-8°. . . . . 12 fr.
Dargaud. — *Histoire d'Olivier Cromwell.* 1 vol. in-8°. . . . . 6 fr.
— *Histoire d'Elisabeth d'Angleterre.* 1 vol. in-8°. . . . . 6 fr.
Karcher. — *Etudes sur les institutions politiques et sociales de l'Angle-*

www.ingramcontent.com/pod-product-compliance
Lightning Source LLC
LaVergne TN
LVHW020335230826
846091LV00003B/890

9782013562447